Laurent Jenny

LA PAROLE SINGULIÈRE

BELIN

8, rue Férou – 75278 Paris Cedex 06

www.editions-belin.com

Couverture

Conception graphique : Rampazzo & Associés
Photo : © Michel Mako/Rapho/Eyedea

 ISBN 978-2-7011-5181-6

PRÉFACE

Dans ses ébauches de 1900 sur Mallarmé, Paul Valéry écrit et souligne : « Le mot, *on le pense sans l'altérer* ». La langue, telle que le lexique l'enregistre et l'offre à la pensée, se présente à l'état de donnée préalable, invariable, générale et arbitraire. Mais que naisse une phrase, alors un tout autre système s'organise et s'impose au lecteur. Valéry propose cette constatation : « L'existence de la phrase consiste à changer le certain *ordre* initial des idées que chacun des mots entraîne invariablement avec lui. La phrase a pour fonction de produire un changement de configuration dans un système donné et nécessairement préexistant. On dira, rigoureusement, qu'elle accomplit un travail sur l'esprit du sujet. » Valéry se risque alors à déclarer, dans l'évidente intention de s'opposer à toute glorification abusive de l'acte poétique : « La littérature *est le travail* dépensé à rapprocher les mots différents ».

C'est Valéry encore qui notera, plus tard : « Je substituerais à toute la philosophie une recherche sur le langage ». Voilà qui est presque chose faite. Un siècle de recherche sur le langage s'est écoulé depuis le moment où, après la disparition de Mallarmé, Paul Valéry voulut partir de la table rase et, troublé par le souvenir du maître, tenta de fixer un principe qui opposât le « système donné » et l'invention qui le mobilise. Des concepts et des problèmes apparus tout au long de cette réflexion prolongée, il n'est plus permis de faire abstraction. Nous restons les héritiers des questions que suscitait l'œuvre de Mallarmé, et qui, de relais en relais, ont requis une attention renouvelée.

L'un des premiers mérites du livre de Laurent Jenny est de n'être pas oublieux des problèmes liés aux moments fondateurs de la modernité, tout en tenant le plus grand compte des acquisitions, ou des hypothèses proposées actuellement par les « sciences du langage ». Il n'est pas indifférent que des termes apparentés réapparaissent à maintes années de distance : ce que Laurent Jenny nomme le *figural* ne doit-il pas se comprendre par les analogies qui le rattachent (et à certains égards l'opposent) à ce que Valéry désignait comme un « changement de *configuration* » ? Une question rebondit : comment se fait l'activation – l'actualisation – des virtualités de la langue : codes, règles d'usage, caractérisés, au dire de Valéry, par l'invariabilité ? Comment se produit leur variation ? Se peut-il qu'elle naisse des mots eux-mêmes, laissés à leur initiative, selon l'injonction de Mallarmé, et payant de leur impersonnelle et scintillante gratitude la « disparition élocutoire du poète » ? Valéry, entre le rôle de la subjectivité, déjà suspecte, et le « changement de configuration », interposait le « travail ». Mais *qui* travaille alors, et *pour qui* ? Laurent Jenny, à son tour, reprend la notion de *travail*, que Valéry devait lui-même à la physique autant qu'aux anciens arts poétiques. (Le mot avait large cours, naguère, lorsqu'il était bienséant d'établir un rapport d'équivalence entre le travail de l'auteur et celui des producteurs économiques.) Laurent Jenny, toutefois, précise : il s'agit d'un « travail de singularisation ». Travail qui fait advenir la singularité d'une parole et d'un sujet personnel, par-delà ce qui, dans la langue, dans le discours collectif appartient à tous et à personne. Le travail de singularisation, certes, laissera sa trace dans un objet, produira des structures (des configurations), mais c'est *en vue* d'autre chose : l'apparition d'un sens, l'éveil à des présences, fussent-elles passagères, intermittentes. De manière indépendante et originale, Laurent Jenny prend acte de tout l'apport de la phénoménologie, en ce qui touche à la mise en forme et aux modalités de la relation. En liant le *figural* à la notion d'événement, peu s'en faut – m'a-t-il d'abord semblé – que Laurent Jenny n'évoque la venue d'un *visage*. Mais il ne le fait pas, car c'eût été déjà trop dire, et en même temps délimiter à l'excès l'événement, priver la parole de son pouvoir propre, qui est de figurer sans prendre figure. Une conception épiphanique de la parole risque de n'être que l'une de ces « utopies totalisantes » où viendrait se figer la singularité. Celle-ci ne peut s'affirmer qu'en se laissant constamment devancer, à tout risque, par la parole.

La tentation est grande, pour moi, de résumer et de souligner tous les points qui, dans ce livre, ont emporté mon adhésion. Mais le lecteur y pourvoira de son côté : ces chapitres laissent aisément repérer l'enchaînement de leurs arguments. (C'est plutôt en raison de leur concision que le lecteur y trouverait l'occasion d'un effort : il sera payé de retour.)

Le livre est remarquable par sa disposition même. Il nous invite, d'abord, à la *lecture*. Sur des exemples choisis avec une parfaite économie, et analysés avec la plus grande attention, nous apprenons à discerner le figural : celui-ci n'est pas assimilable à un écart; il n'y a pas lieu de le réduire à sa valeur «expressive», et si la parole renvoie à son origine, elle n'est pas pour autant confinée dans l'auto-référentialité. Il faut mettre au point des notions plus fines, plus souples, mieux adaptées à la plurivalence du figural. Laurent Jenny a le don de percevoir, et de dire nettement ce qu'il perçoit, sans reculer devant l'effort de conceptualisation, mais en se tenant libre de toute allégeance. On lui sait gré de n'arborer les couleurs d'aucune école... Or, à partir de cet acte de lecture – où de manière ferme et discrète se déploie une très sûre analyse stylistique – nous sommes conduits peu à peu à considérer de plus près l'acte d'*écriture* : la forme du vers, l'écriture automatique, les «dispositifs contraignants», les procédures de simulation. Nous voici passés du côté des auteurs et de leurs poétiques (mais nous n'avons pas cessé pour autant d'être des lecteurs critiques). Et du constat de la menace que certaines pratiques langagières font peser sur les chances mêmes de la parole, Laurent Jenny tire une conclusion que je tiens pour salubre : ayant fait tout son devoir de lecteur-descripteur, il assume une autre tâche, qui est de désigner une valeur – dans la parole singulière, précisément – et de mettre en garde sur ce qu'impliquerait son éclipse. À la place, l'insignifiance et le bruit imposeraient leur chaos programmé, une vague de désertification progresserait, à travers des «réseaux de communication» plus aptes à favoriser la confusion qu'à lui résister. On n'aura pas vraiment lu le livre de Laurent Jenny si l'on n'en a pas suivi le parcours entier, jusqu'au dernier chapitre où l'on voit clairement comment les «mythes de l'expression» ont pu conduire à la

« répétition du même », c'est-à-dire à la suppression de toute chance d'événement survenant dans et par la parole.

Nous avons lu tant de livres, au long des années, qui étaient des combats pour la méthode (pour telle méthode, garantie supérieure aux autres), ou pour la théorie (pour telle théorie, qui tentait d'être plus inclusive ou plus opératoire que les précédentes) ! Voici enfin un livre de théorie et d'analyse littéraires qui plaide non pour l'excellence des procédés qu'il met en œuvre, mais pour l'objet même auquel il est voué. Il nous avertit du péril, mais sans forcer la note pathétique : nous n'avons pas à nous attribuer le rôle, rustique en apparence, et secrètement royal, du « berger de la parole ». Il suffit que soit préservée « l'intimité de la parole avec le silence ». Laurent Jenny défend, avec les mots les plus justes, la cause d'une « parole taciturne » : « Il n'est pas de parole qui ne soit tressée avec un silence dont, tout à la fois, elle procède et qu'elle étend après elle. Toute profération vibre de la matité d'un non-dit qui est aussi sa ressource rythmique. C'est de la forme particulière de ce non-dit, de sa vibration spécifique aux franges de l'énoncé, que repartira chaque fois le projet de dire. » Il y a là un appel, qui ira jusqu'à se définir, aux dernières lignes du livre, comme un *projet*. J'y vois la preuve qu'en prenant ainsi la défense d'une « parole singulière », le discours du critique, du théoricien, du stylisticien (c'est une seule personne) peut rejoindre lui-même le statut de parole singulière, nous faire participer à ce qu'il énonce en nous faisant éprouver la provocation d'un événement : nous ne restons pas captifs d'un métalangage, d'une « opération » savante sur la parole vivante. Pour nous lecteurs, dans la nécessité présente, c'est assurément l'occasion d'un « changement de configuration » dans le rapport que nous entretenons avec les mots que nous écoutons, avec les livres que nous lisons.

Jean Starobinski

À Jean-Yves

I. L'ÉVÉNEMENT FIGURAL

Ces pages sont pour mieux cerner le jeu du « figural » : je veux parler de ce bouleversement formel toujours virtuellement à l'œuvre dans le discours, et où ce dernier trouve le ressort de son autorité et de sa puissance. Si en effet nous parlons, nous écoutons encore, ce n'est pas seulement en fonction de toutes les réquisitions sociales, pratiques, contractuelles de la communication, c'est aussi que du cœur de la parole est attendue une actualité « autre » qui déjoue les motifs de la communication, défasse les formes de ses contrats ou de ses jeux, découpe même les contours de ses articulations. Seuls cette chance et ce risque, donnés en même temps que la parole, justifient que nous écoutions, que nous lisions encore, bien que la plupart des énoncés nous apparaissent inauthentiques et figés.

De cet événement, qui passe par une déliaison linguistique mais ne s'y arrête pas, de son ébruitement *passager*, ce que nous attendons, ce qui nous attend, c'est, pêle-mêle (je le dis trop vite pour pouvoir y revenir) : une sortie périlleuse de la langue ; un accès tensionnel à l'intelligible ; une relance du mouvement qui porte au dire ; et, dans une recomposition de forme, une ouverture qui nous expose à un sens, à un destin[1]. Ceci sur tous les modes qu'on

1. Je lis ceci de Jean-François Lyotard (*Le Postmoderne expliqué aux enfants*, Galilée, 1986, p. 142) à propos de proses de Walter Benjamin : « Ce qui fait événement dans la rencontre d'un mot, d'une odeur, d'un lieu, d'un livre, d'un visage, n'est pas sa nouveauté comparée à d'autres "événements". C'est qu'il a valeur d'initiation en lui-même. On ne le

voudra : futiles, graves ou distraits, répétitifs ou occasionnels ; mais qui n'enlèvent rien à l'irréductibilité de l'événement.

L'actualité en question n'est donc pas l'affaire d'un genre ou d'une situation pragmatique particulière (même s'il est vrai que certains types de discours en font leur enjeu explicite). Elle est une condition plus générale de la parole, et comme son revers le plus intime. Ce caractère non spécifique du figural n'entraîne pas pour autant qu'il soit informe ou justiciable d'aucune *poétique*, au sens connu d'un inventaire des matériaux, des dispositifs, et des effets qui y sont généralement impliqués. Une métaphore, un « mot juste », une plaisanterie, un beau vers, un poème, une trouvaille conceptuelle, un proverbe, un lapsus, autant d'agencements plus ou moins ambitieux et momentanés, où se laissent repérer des tensions esthétiques, des modes d'évocation de sens, qui « configurent » (pour employer un mot de P. Ricœur) l'événement.

Appelons donc « figural »[2] le processus esthético-sémantique qui conditionne la reconduction du

sait que plus tard. Il a ouvert une plaie dans la sensibilité. On le sait parce qu'elle s'est ouverte depuis et se rouvrira, scandant une temporalité secrète, peut-être inaperçue. Cette plaie a fait entrer dans un monde inconnu, mais sans jamais le faire connaître. L'initiation n'initie à rien, elle commence. » Lyotard noue ainsi de façon éclairante l'irreprésentable de l'événement – qui contraint à l'éprouver sensiblement – et la temporalité qu'il ouvre – celle d'une insistance. Si l'événement pose la question du destin, c'est qu'un avenir y est impliqué, que nous nous efforçons de lire. Il détient le secret de la répétition d'un ébranlement en nous, à laquelle notre chair même est soumise, mais sur laquelle nous sommes aveugles.

2. Je substantive l'adjectif, employé dans un sens proche, me semble-t-il, par Jean-Louis Galay, « Esquisses pour une théorie figurale du discours », *Poétique* 20, 1974. Sur un sujet si vaste, je renonce par avance à acquitter toutes mes dettes. Mais, outre cet article important de J.-L. Galay, certains travaux ont constamment inspiré et orienté ma réflexion. Ainsi : *la Prose du monde* de Maurice Merleau-Ponty (Paris, Gallimard, 1969) ; « Vers une théorie généralisée de la figure » de Michel

discours à la puissance de l'actualité. «Le figural» plutôt que «les figures» qui évoquent des opérations spécifiques, locales dans le discours, et hétérogènes; plutôt que «le figuré» qui renvoie à un pur effet de sens, souvent compris comme une espèce de signifié; plutôt que «le figuratif», riche, lui, de connotations dynamiques, mais qui nous engage dans une métaphoricité visuelle gênante. Quant à la définition du figural comme «processus esthético-sémantique», elle implique que s'y trouvent noués des processus tensionnels et des processus représentatifs. Elle revient à admettre qu'une figure ne se convertit pas totalement dans le jeu d'inférences et d'évocations qu'elle suscite. Elle suggère que, même interprétée, une figure peut insister à travers des restes tensionnels. Une poétique du figural devrait décrire, dans une suite d'élucidations réciproques, les dispositifs formels et les moments phénoménologiques qu'ils produisent au cours de ces processus. Il ne s'agit ici que d'en décliner quelques thèmes.

DISCOURS ET ÉVÉNEMENTS

Dire du figural qu'il se produit comme un événement, ce pourrait être, dans un premier temps, reconnaître simplement son appartenance à l'univers du discours. «Tout discours se produit comme un événement[3]», ou plutôt comme une multiplicité

Deguy, *Critique* 269, 1969 (et de très nombreux développements de cet article programmatique dans les écrits de M. Deguy jusqu'à aujourd'hui) ; *Discours, figure* de Jean-François Lyotard (Paris, Klincksieck, 1971) ; *La Métaphore vive* de Paul Ricœur (Paris, Seuil, 1975) ; *l'Acte de lecture* de Wolfgang Iser (1976) (trad. fr. Bruxelles, P. Mardaga, 1985), et bien d'autres...

3. Rappelle Ricœur qui y voit le premier «trait distinctif» du sémantique par rapport au sémiotique (*La Métaphore vive*, p. 92).

d'événements simultanés que nous avons de la peine à distinguer tant ils sont étroitement impliqués. Essayons tout de même.

Au plus simple, l'événement est d'ordre combinatoire. Simplicité d'ailleurs très problématique elle-même : pour saisir mon énoncé comme «combinaison», il faut que je fasse abstraction à la fois du mouvement intentionnel qui m'a porté vers lui et de l'extériorité dans laquelle il se réalise. Contradictoirement en effet j'ai dû anticiper une parole achevée, sur le mode d'un projet, et j'ai «assisté» à une réalisation discursive qui a dépassé mes expectatives en précision, en consistance formelle, en conséquences sémantiques et contextuelles (l'énoncé, en s'achevant, s'est aussi ouvert à d'innombrables relations avec d'autres énoncés antérieurs). Lorsque Saussure caractérise la parole comme jeu de «combinaisons par lesquelles le sujet parlant utilise le code de la langue»[4], il faut donc y voir une fiction théorique qui ne parvient à poser le sujet parlant en «utilisateur» de la langue qu'en écartant momentanément toute la dimension intentionnelle et énonciative de la parole. Jamais je n'«utilise» à proprement parler des règles combinatoires pour agencer des unités puisées comme des dominos ou des boules de loto dans le «trésor» linguistique. Ma parole a d'abord dû être une visée globale, avant de pouvoir s'analyser en éléments. Ce n'est qu'au moment où je reconsidère mon énoncé «réalisé», «extériorisé», que je peux porter sur lui un regard objectif et détaché, et feindre que mon activité discursive a été celle d'un assemblage verbal. D'ailleurs, et Saussure ne l'ignore pas, même dans une vision purement objective du discours, un tel modèle demande à être précisé. On ne peut se

4. *Cours de linguistique générale*, Ch. III, 1, Paris, Payot, 1969, p. 31.

contenter de postuler simplement ce vis-à-vis ingénu du trésor des signes et de l'inventivité individuelle. Non seulement le choix des signes au sein de la phrase est contraint par leur appartenance à des classes syntagmatiques (plus tard, chez les générativistes, par un ensemble de règles de réécriture), mais les modèles de phrase sont largement déterminés rhétoriquement par des contraintes de genre discursif, par la syntagmatique d'un genre donné.

Pour autant la parole n'en garde pas moins sa qualité d'*événement*, si l'on entend par là qu'il s'y produit des effets irréductibles aux conditions qui l'expliquent. Quelles que soient en effet les règles productives qui justifient *a posteriori* la forme de ma parole, la *réalisation* de la langue *en* parole entraîne sur plusieurs plans un changement d'ordre absolu.

Au plan combinatoire, d'abord, les signes entrent dans la dimension de l'Unique. En se combinant, ils composent des ensembles phrastiques chaque fois singuliers, et ils s'y trouvent marqués de valeurs contextuelles chaque fois nouvelles. Et même lorsque les énoncés semblent se répéter identiques (comme il arrive dans l'usage des proverbes, formules consacrées, ou « scies » à la mode), par la variation des contextes, on reconnaît encore des événements distincts et non répétables. Il n'y a donc pas de banalité. L'émergence du singulier discursif à partir du collectif linguistique marque la parole la plus « commerciale » (au sens mallarméen), celle du politique, du pédagogue ou de l'« homme sans qualités ». Elle en est l'inépuisable événement. Et il est toujours loisible de penser à un énoncé comme à une « donne », un coup de dés lexical qui, dans le jeu du sens, ouvre des possibilités toujours différentes, et, en même temps, redit sans cesse l'occurrence pure, l'« avoir lieu » par lequel s'ouvre la possibilité de la parole en même temps que de tout ce qui « arrive ». Tantôt lui répondant, tantôt la devançant, l'Unique discursif manifeste ainsi l'événementialité du réel.

Il en participe aussi matériellement. Et ce n'est pas le moindre aspect de l'événement. En s'extériorisant, les signes se concrétisent plastiquement, dans une matière sonore ou spatiale, mais de toute façon mondaine, et cette concrétisation ne peut se faire sans qu'apparaissent des valeurs rythmiques, des rapports de tonalité ou de position, dénués de pertinence linguistique propre, toute une vibration sensorielle aux franges de l'énoncé que sa plus grande univocité ne saurait exclure.

J'entends quelqu'un dire à mi-voix : *La chaleur a fini par tomber*, et tout de suite cet énoncé se déploie dans le temps, il devient mesurable, il suffirait d'en souligner un peu les accents pour y faire apparaître un ennéasyllabe ternaire ; et si je prête maintenant attention à sa matière phonétique, je peux aisément y relever des qualités spécifiques : remarquer l'étirement des premières syllabes sur leurs constrictives et leurs vibrantes (notamment le [R] allongeant sous l'accent de *chaleur*), la netteté articulatoire des occlusives de la dernière mesure, la modulation des timbres sous l'accent qui passent du grave au plus aigu à l'aigu [oe] → [i] → [e] selon une ligne mélodique légèrement circonflexe, etc. Autant de nuances plastiques à quoi l'on ne s'arrête pas, infiniment détaillables, repoussées à l'arrière-plan par le jeu obnubilant des relations phonologiques, mais qui lestent l'énoncé de son poids de réalité, suscitent peut-être en moi une imperceptible « réponse » posturale, et demeurent en disponibilité de signification. Un autre contexte – par exemple métrique –, une légère scansion, un ton plus poétique, pourraient soudain en relever toute la plasticité et l'engager dans des jeux esthético-sémantiques.

Or cette bordure sensible qui se déploie à mesure de l'énoncé, on peut bien y voir une forme d'« interface » entre le discours et le monde. Mais il faut aller plus loin : c'est cela même qui scelle la réalité des signes et par là configure leur pouvoir de référer à quelque réalité que ce soit. Effectivement ce ne sont pas seulement les déictiques et les noms qui embrayent la langue sur son autre. La matière sensible du discours a une valeur « déictique » en ce qu'elle se montre elle-même orientée vers le monde. Et c'est aussi de là que le discours puise son pouvoir de transmuer les signes abstraits en vecteurs de ce qui excède leur existence linguistique. Il y a là une événementialité « ordinaire » du discours où le figural est déjà impliqué si l'on veut bien admettre qu'il recouvre tout le champ des interactions entre forme linguistique et forme non-linguistique. On voit donc qu'il intervient déjà sur un plan décisif qui n'est autre que celui de la « réalisation » de la langue.

Inséparablement de cette réalisation matérielle, l'énoncé s'ouvre au monde par un double renvoi, en-deçà de lui-même à sa source, et au-delà, à un monde d'objets de parole. Ainsi se parachève et s'explicite le travail de singularisation déjà ébauché dans la composition et dans la plasticisation de l'énoncé : non seulement l'énoncé a *une* forme, mais il procède d'*un* énonciateur et d'*une* circonstance. Triple singularité donc à la fois sensiblement manifestée, logiquement impliquée (un énoncé renvoie nécessairement à un monde de déterminations), discursivement exhibée (à travers ces signes-limites que sont les déictiques).

De l'énonciation je me contenterai de souligner (après tant d'autres) qu'elle « fait événement » précisément en ce qu'elle est irréductible à une simple « expression » de la subjectivité du sujet parlant. Sans doute, l'énoncé s'organise-t-il tout entier (temporalité, deixis, etc.) autour de la position spécifique d'un moi dans le temps et dans l'espace. Et ce moi apparaît non seulement à travers des marques de subjectivité mais dans tous les aspects de l'énoncé : la particularité d'un lexique, d'un rythme, d'une syntaxe… En sorte qu'on peut bien considérer comme l'événement le plus propre à la parole cette production par le discours du point focal d'où il rayonne. Mais l'événementialité tient tout autant à ce qui dans cette production s'écarte du moi au moment où elle le signifie. « Mes » signes me demeurent toujours largement inappropriables. Leur objectivité, leur « extériorité », peut en un point me les faire contempler comme des choses ou des natures mortes. Sans doute me révèlent-ils à moi-même, mais en me révélant à moi-même, ils creusent une distance incomblable entre moi et eux. « En avance » sur moi, ils semblent détenir le secret de mon identité. En fait, ils ont plutôt ouvert un espace de conjecture proprement augural, où ce qui se « révèle », davantage qu'un moi, c'est une disposition où un moi pourrait se jouer. Ainsi je sens trop, sauf à tomber dans l'illusion de l'« expression » ou du « style », qui méconnaissent cette « béance » énonciative, que je ne saurais rejoindre tout à fait mes signes. Cet agencement de mots, « c'est tout moi », c'est la signature de ma parole, mais j'y vois aussi tout l'aléatoire d'une invention qui aurait pu être autre, et tout le mystère d'une disposition où autre chose que moi (moi connu) s'annonce…

Quant à la référence au monde, elle est tout aussi irréductible à une conséquence mécanique du discours. La parole en effet ne trouve pas un monde tout constitué avant elle, et qu'elle se contenterait d'épeler. Tout autant elle produit ce monde en le sommant de paraître. « Objet » par « objet », elle le situe vis-à-vis du discours, elle en fait le terme de cette ostension qu'elle promène sur un horizon d'apparition. Et là encore l'événement autant que dans la production réside dans le contre-coup de celle-ci. Dans le mouvement pour rejoindre tel ou tel objet du monde, on a ouvert une « profondeur » qui est aussi une distance. Et aucune accumulation de mes mots ne pourra jamais la réduire. La multiplication des visées diffractera seulement cette distance en mille perspectives, offrant d'ailleurs du même coup la chance d'une mobilité d'« intentions » et de projets…

Tels sont donc les thèmes (connus et trop brièvement reparcourus ici) de l'événementialité discursive. Et s'il fallait les rassembler, je dirais encore ceci : que le discours, fait de la matière du monde, la déployant avec lui, est aussi le lieu où ce monde se divise en lui-même, s'arrache à lui-même sans pourtant y perdre toute plasticité, et fonde la possibilité d'un retrait qui n'est pas une séparation absolue. Ce débat entre un étirement sensible (est-il vraiment sensible ? il faudra y revenir) et une articulation d'unités distinctives, voilà bien ce qui se rejoue tacitement en chacune des prises de la parole, comme si l'issue en était encore incertaine malgré l'ancienneté des langues et l'usure des discours.

Lorsque le figural *paraît*, c'est donc sur fond de cette événementialité ordinaire, mais, dirait-on, à une puissance redoublée. Avec le figural la langue ne semble pas seulement « mise en œuvre », « réalisée », mais aussi retrempée à son origine, restaurée dans une puissance première d'apprésentation, reforgée en des signes neufs. L'actualité figurale est ainsi marquée phénoménologiquement d'une qualité propre, c'est celle d'un *événement dans l'événement*. Effectivement l'hétérogène n'y est plus seulement attesté en bordure des signes comme le réel qu'ils visent et d'où ils émergent. Mais c'est dans la mise en œuvre du code qu'il resurgit, au cœur même des formes discursives, et comme pour contester leur achèvement. La prégnance de rapports sensibles ou la mise en échec de la compétence linguistique en des lieux de l'énoncé ont défait l'homogénéité du discours : tout n'y a pas la même qualité, des « blancs » sémantiques apparaissent ou des formes inassimilables au linguistique. Les signes sont devenus incertains dans leurs contours, mobiles dans leurs assemblages, problématiques dans leur valeur. Le figural, tout en ayant pour fond l'événementialité discursive, contraint à reconsidérer la forme même de la langue (son découpage en signes, ses règles combinatoires), il nous ramène à une décision « première » sur la forme de cette langue, il nous en représente le moment d'émergence et d'arbitraire. En sorte que le *coup double* de l'événement tient dans cette réciprocité qui fait survenir la production d'un sens discursif *par* une re-présentation de la langue. Qui associe une puissance de désignation à une réouverture des écarts de la langue.

FIGURAL ET REPRÉSENTATION

Soit donc un exemple d'apparition du figural. Tel matin, je feuillette en dilettante une traduction savante du *Tao-tö-king*[5]. Lecture distraite, lointaine et peu sérieuse jusqu'à ce que je trébuche sur ces mots :

> l'ascension d'une terrasse en printemps.

Sensible à un «bougé» dans le texte (ou de moi vers lui), dont je n'identifie pas encore le lieu, je relis :

> Mais quand tous les hommes ont une réunion joyeuse comme pour la célébration d'un grand sacrifice ou l'ascension d'une terrasse en printemps…

Je vois mieux à présent d'où vient mon trouble : c'est ce *en* (*printemps*) qui m'a arrêté par son équivoque. Faut-il y voir une détermination temporelle de l'ascension (mais alors il faut aussi postuler une négligence du traducteur qui aura utilisé la préposition *en*, de nuance plus durative, là où on attendrait régulièrement *au* – car c'est bien *à* + *le* = *au* qui régit les indications temporelles de saison et seules des raisons euphoniques de proscription de l'hiatus justifient l'emploi de *en* avant les saisons à initiale vocalique telles que *été* ou *hiver*) ou doit-on le comprendre comme une détermination de «manière» du nom *terrasse* (dans ce cas la préposition paraît appropriée, mais le sens général de l'expression semble à la limite de l'acceptabilité) ? Un moment, tout est suspendu dans ces quelques mots qui hésitent entre deux

---

5. *Le Livre de la Voie et de la Vertu*, édition J.-J.-L. Duyvendak, Paris, Maisonneuve, 1981.

articulations syntaxiques et où se dessine une aire de sens en attente. Ce que l'énoncé perd en représentation sémantique, il le gagne d'ailleurs en force tensionnelle. Son inachèvement me mobilise dans un travail interprétatif, et la tension ne cessera qu'avec l'établissement d'une représentation acceptable.

J'ai très vite admis (sur des indices externes, il faut le reconnaître, tels que soin de l'édition, scrupule érudit d'une traduction attentive à chaque nuance sémantique) que la négligence du traducteur était peu vraisemblable. *En* ici ne devrait donc pas être pris au sens temporel. J'éprouve pourtant le sentiment persistant d'une infraction discursive dans l'expression *terrasse en printemps*. Et cela, même si de nombreuses déterminations du nom, à nuance de «manière», me viennent à l'esprit, tout à fait régulières, elles, et construites sur un modèle apparemment identique à celui que je soupçonne d'incorrection : ainsi (*arbre*) *en fleurs,* (*soleil*) *en gloire,* (*homme*) *en colère.* C'est donc que dans son usage «normal» le *en* a une valeur plus spécifique qu'il n'y paraît, et impose des restrictions combinatoires dont la logique m'échappe encore. L'écart me provoque ainsi à la reconnaissance d'une forme de la langue – forme qui jusque-là n'avait d'existence qu'implicite dans mon intuition de sujet parlant. L'évaluation du figural commence par une évocation de la langue.

Me voici amené à reconsidérer la valeur du *en* et sa règle d'emploi. La préposition marque en général «la position à l'intérieur de limites spatiales, temporelles ou notionnelles» (Robert). C'est dire que sa polysémie en langue procède déjà d'un glissement métaphorique. Elle traite comme des *espaces* circonscrits, traversables, habitables, des *états* (floraux, glorieux, colériques). En tant qu'elle régit des « manières », elle est une métaphore « d'usage », ou encore « littérale »[6], c'est-à-dire qu'elle a perdu son pouvoir de redescription – mais en garde une mémoire affaiblie dans sa polysémie. Il y a autre chose de remarquable dans l'emploi du *en* : au sens de la « manière », il exclut la détermination par l'article, d'où cette nuance abstraite, inactualisée des spécifications qu'il introduit. S'agissant de « manières d'être », elles seront non pas individuelles et originales, mais typiques, reconnues et cataloguées. *Encore une fois*, l'arbre rejoue la floraison, le soleil l'apparition rayonnante à l'entour des nuages, encore une fois l'homme entre dans sa colère comme dans ce que la langue reconnaît être la « figure » d'une rhétorique existentielle (qu'est-ce qu'une « manière », en effet, sinon un « tour » reconnaissable des apparences et des comportements ?) Cette absence d'actualisation par l'article entraîne la constitution de ces expressions de manière en syntagmes figés. Elle écarte de fait toute appréhension par (*en* + nom) d'une « manière » originale ou inédite. Or voilà bien ce qui met en question l'acceptabilité de *terrasse en printemps*. L'expression institue en style d'être notoire une détermination inconnue au répertoire des « manières » du français (si ce n'est en un sens vestimentaire qui n'est pas en question ici). Le *printemps* apparaît sans doute au français trop varié, trop multiple en ses manifestations pour pouvoir se typifier par le *en* (là où en revanche l'*arbre* ou la *terrasse* sont facilement saisis *en fleurs*). Le coup de force figural a donc consisté à présenter le *printemps* comme un

6. Selon l'expression de Lakoff et Johnson, *Metaphors we live by* (trad. fr. *Les Métaphores dans la vie quotidienne*, Paris, Minuit, 1986) qui font d'ailleurs un sort à la métaphoricité du *in* anglais.

geste simple des apparences, d'emblée reconnaissable dans son unité.

On objectera peut-être que l'adjectif *printanier* aurait suffi à manifester cette manière typique, que cette classe grammaticale est même tout entière consacrée à leur expression, et que la valeur de l'innovation figurale reste problématique. Mais il est clair que la détermination adjectivale dans *terrasse printanière* marque une qualité constante et inerte là où le *en* régit une «manière» transitoire et en développement. La *terrasse en printemps* se convertit en sa propre apparence, elle se déploie en une façon qui l'investit totalement sans pourtant l'épuiser. Transitoire, la détermination introduite par le *en* n'en est pas pour autant extérieure : la *terrasse* est moins un élément de l'ensemble printanier qu'elle ne le comprend comme l'un de ses possibles.

Le *en* marque donc d'une valeur dynamique la «manière» qu'il introduit. Il la présente comme un schème global en lequel un objet donné s'est entièrement réalisé, de façon presque délibérée, et sans que son essence s'en trouve altérée. Sous son apparition *en printemps*, la *terrasse* reste elle-même, disponible pour bien d'autres accomplissements et changements à vue, que limite seulement le répertoire d'apparences naturelles reconnues par la langue aux *terrasses*. Étendre ce répertoire, c'est raviver l'appréhension du dynamisme qui anime les formes du monde. C'est ébaucher un renouvellement de nos représentations par l'infléchissement discursif d'une forme linguistique reçue. La combinaison du *en* avec un nom dépourvu des sèmes de la «manière typique» suffit à esquisser la vision d'un monde transitoire *et* permanent sous la variété de ses formes, se produisant à travers une rhétorique d'apparences jusque dans ses aspects les plus syncrétiques et les plus nécessaires. Vision, qui me paraît justement correspondre à ce que le traducteur essaie plus généralement de faire comprendre du *Tao* dans son introduction et dans ses notes…

Au-delà de l'événement local que constitue l'expression *terrasse en printemps*, de son sens précis en contexte, on devine donc que la « figure » est susceptible d'un prolongement dans la langue. Il s'y propose une extension de l'usage du *en* à tous les noms d'apparences, fussent-elles *a priori* « non typiques ». Le trope prépositionnel qui présente ainsi des formes non-typiques *comme* typiques peut virtuellement s'appliquer à toutes sortes de réalités : un paysage, un état d'âme, une attitude morale, etc. Il suffirait que cet usage du *en* passe en langue par élargissement de ses restrictions combinatoires coutumières pour que se généralise la vision du monde (comme jeu d'apparences stylisées et mobiles) dont il est porteur – jusqu'au point d'ailleurs où elle deviendrait à son tour ordinaire et non remarquable puisqu'inscrite dans la forme même de la langue.

Or c'est précisément cet avenir impossible dans la langue qui « garantit » l'événement figural, le soustrait à l'erreur ou à l'arbitraire, et assure sa puissance expressive. C'est parce que le dispositif figural s'est montré apte à produire des effets de sens pertinents en contexte qu'il a pu faire admettre l'infraction, transmuer en succès une défaite apparente de la compétence linguistique. Mais c'est aussi parce que l'infraction a esquissé une nouvelle légalité qu'elle se hisse au-dessus de la contingence d'un événement expressif particulier, et lui confère la force d'une institution linguistique. Ainsi s'annonce déjà dans telle figure singulière le champ de possibilités expressives qu'elle ouvre à la langue.

Le figural fait donc événement en tant que production réciproque d'une représentation discursive et d'une re-présentation de la langue, elle-même dédoublée. La langue, évoquée une première fois comme fond normatif sur lequel se détache l'infraction figurale, l'est une deuxième fois comme avenir possible de la figure. L'effet de sens discursif se produit dans ce battement.

S'il est vrai que le figural est une question posée à ma compétence linguistique (telle forme est-elle recevable comme forme de la langue ?), c'est aussi une question posée à *la* compétence – au sens banal – de la langue : jusqu'à quel point est-elle apte à représenter « ce qu'il y a à dire » dans la forme qui est la sienne ? En l'occurrence, jusqu'à quel point des formes adjectivales ou circonstancielles sont-elles suffisantes à énoncer le rapport de la terrasse à son apparence printanière dans une vision du monde taoïste ? Il a fallu reprendre à la langue un mode de détermination très spécifique, et étendre son usage (donc dans une vision saussurienne réaménager *tout* le système des valeurs linguistiques). *Il a fallu*... Il a fallu parce que les formes reçues étaient impuissantes à désigner *cela* qui s'offrait à dire.

La crise figurale me confronte à une double ouverture du monde et de la langue et me les fait évaluer l'une par l'autre. La remise en débat de la forme de la langue me ramène à son moment « originaire » : celui où, supposément, elle s'affrontait à un monde neuf et encore innommé, celui où elle opposait au surgissement événementiel la monumentalité de ses symboles «premiers». Le figural est l'indice que le monde s'est rouvert, que l'«origine» se poursuit, et qu'une nouvelle décision expressive est à l'œuvre, où s'entend l'écho de la fondation de la langue. L'événement du change de forme me donne ainsi la mesure de ce qui advient originalement. Et réciproquement l'inédit de ce qui advient rebondit dans un frayage de la signification, où un sens possible, une langue possible, se dégagent d'un travail des formes, sans preuves assurées.

Il n'y a pas d'autre secret au succès du figural qu'une exposition réelle du sujet parlant à cet entrecroisement de risques : ouverture à l'inédit dans le réel, à la déliaison linguistique dans la parole. Un moment, tout pourrait tomber de part et d'autre. Et, si le figural trouve finalement à se garantir par un accord sur des représentations sémantiques, il ne s'authentifie vraiment qu'en reportant d'abord dans le discours l'épreuve de l'ouverture à laquelle il répond. En effet le figural n'en offre pas un témoignage lointain, et indirect. Il actualise *cette épreuve même* d'un affrontement de la forme à son autre, et d'une reconquête de la forme sur cet autre. C'est par là que se fonde la reconnaissance de *toute* ouverture dans le réel : comment pourrais-je éprouver que «les choses n'ont plus cours» sans cette contestation sensible à laquelle je vois les signes soumis et qui menace de les replonger dans l'insensé? Comment pourrais-je avoir la notion de l'avènement d'un nouvel ordre des choses sans cette recomposition d'un sens, au-delà de toute attente, à laquelle j'assiste? Dire que le figural fonde la reconnaissance de toute événementialité, ce n'est pas dire qu'il n'y ait pas d'événements en dehors de lui. Il y a bien des dessaisissements muets que je désespère de pouvoir relever par aucune parole. Mais je ne saurais pas même les apercevoir, si je ne les rapportais pas tacitement aux désarticulations que j'expérimente dans le figural. Et de même la force irruptive de l'événement peut m'apparaître comme la qualité brute d'un monde silencieux. Mais je ne la comprends comme un avènement que parce que dans le figural j'ai éprouvé qu'elle était le vecteur de l'accès à un nouvel ordre du sens. En effet dans le figural, cette force irruptive ne m'est pas vaguement signifiée : elle se produit sensiblement à partir d'une tension esthético-sémantique. Je fais l'expérience d'un devenir-sens des formes.

Le figural est donc doublement «représentatif». Il représente (imitativement) quelque chose du monde en re-présentant (en présentant à neuf) la forme de la langue. Et ces deux sens du mot «représentation» ne sont pas associés par les hasards de l'homonymie, ils sont liés dans une seule fonction mimétique lorsqu'elle est saisie dans son plein exercice. Effectivement, il y a bien des «imitations de choses» qui ne sont que des «répétitions de mots», vouées à la reprise indéfinie du même. Mais seul le figural rend possible un retour au monde «mimétique» : en ramenant à une décision «orginaire» sur la forme de la langue, il restitue au discours une puissance descriptive qui n'était pas donnée.

Et cette décision ne se prend pas dans l'arbitraire, ce n'est pas une invention à partir de rien. Il faut plutôt y voir une reprise et un déplacement des formes reçues, une redistribution de valeurs, une stylisation de données plastiques inexploitées par la langue mais caractéristiques de sa forme propre. Car on ne sort pas de la langue par les moyens de la langue, mais on en rouvre les écarts, on en réaménage le système, on en bouleverse finalement la physionomie. Il sera toujours loisible après-coup de reconnaître que telle révolution formelle (par exemple chez Malherbe la « géométrisation » du discours : prosodie de la netteté articulatoire, symétrisation de la syntaxe, figures de l'antithèse et de la distinction – ou contradictoirement chez Verlaine l'accentuation du « faible » : syllabisme de la coalescence, mots sémantiquement « vides » aux places privilégiées, relâchement des jointures syntaxiques, gamme thématique du fade, du neutre et de l'indécis) était latente dans la langue comme un de ses possibles, et justifiable historiquement, mais rien ne laissait prévoir que ce serait précisément dans cette direction là qu'en serait déployée la ressource. À chaque fois cette langue si familière qu'elle en était devenue transparente m'est présentée à neuf dans l'un de ses possibles, avec une acuité qui dut être celle de son « commencement ». Et je comprends que bien loin d'être achevée, cette langue est un champ mouvant de virtualités expressives dont certaines sont devenues des règles d'usage, et se sont quasiment incorporées à mes modes d'appréhension du monde, et dont d'autres sont à peine esquissées, en attente des événements qui les feront se lever et prendre leur place.

Ainsi la langue n'est pas seulement un espace de mémorisation et de stockage des traces, qui autorise la reprise, c'est aussi, et du même coup, un espace de délimitation et d'écartement, où se fonde toute ouverture, et qui peut toujours être rouvert et redisposé. Le figural engrène l'un sur l'autre la représentation de l'écart linguistique et la représentation de ce qui « s'ouvre ». Il garantit la possibilité de référer à un monde en devenir (c'est-à-dire à un monde réel) non sur le mode d'un étiquetage fini, mais en tant qu'il s'y produit quelque chose. Il définit ainsi les conditions de toute *mimèsis* qui ne saurait «imiter» que dans un mouvement de reprise et déplacement d'écarts reçus[7].

Bien sûr en chacune de ses occurrences, le figural n'*accomplit* pas cette re-présentation globale de la langue, porteuse de nouvelles représentations. Seule l'œuvre[8] tente d'étendre la logique d'une figure au tout de la langue, d'en déployer les conséquences en reparcourant toutes ses régions syllabiques, lexicales, syntaxiques pour les re-marquer de valeurs nouvelles. Mais pour autant que la langue est un bien un système, *chaque figure re-présente virtuellement le tout de la forme de la langue*. Elle indique la direction dans laquelle on pourrait ré-orienter tout l'équilibre de ses valeurs. Ainsi la pratique de l'hiatus chez Verlaine n'est pas séparable de son usage spécifique de la métaphore : l'adoption d'une de ces figures entraînait logiquement l'autre. Une même volonté d'atténuation des écarts (syllabiques, sémantiques) les explique, une même représentation de l'indistinct. Le figural est donc toujours en puissance d'œuvre, fût-ce en ses occurrences les plus solitaires, hasardeuses et

7. Tel est bien, me semble-t-il, le sens de la *mimèsis* aristotélicienne, prise à son empan le plus large dans la *Poétique*. L'«imitation» d'actions, y est toujours médiatisée par une re-présentation de valeurs éthiques ou pathétiques configurées dans l'agencement des rythmes, de valeurs pratiques nouées dans le *muthos*. Cf. «Poétique et représentation». *Poétique* 58, 1984.

8. Songeons à ceci que dit Proust de Flaubert : «... un homme qui par l'usage entièrement nouveau et personnel qu'il a fait du passé défini, du participe présent et de certaines prépositions, a renouvelé presque autant notre vision des choses que Kant, avec ses Catégories, les théories de la Connaissance et de la Réalité du monde extérieur.» («À propos du style de Flaubert», *N.R.F.*, janvier 1920, in *Contre Sainte-Beuve*, Pléiade, p. 586).

éphémères. C'est dire qu'une re-présentation de la forme totale de la langue y est ébauchée mais aussi *toute* une représentation du monde (que seule l'œuvre a le pouvoir d'expliciter sans pour autant être capable de l'achever). Cette virtualité prolonge le figural au-delà de lui-même, transmue son effet de sens local en perspective sémantique indéfinie, lui confère cette «profondeur» encore incomblée après qu'il a été «compris», c'est-à-dire mentalement paraphrasé.

On resterait cependant en-deçà de l'«actualité» du figural, si on l'identifiait à une simple décision formelle. Pour que, dans le figural, la re-présentation de la langue soit effective, il faut que se re-présente en acte non seulement une décision sur la forme de la langue mais, antérieurement à elle, et la fondant, la décision discursive elle-même, celle qui ouvre la possibilité de la parole. Ou, en d'autres termes, le figural ne peut se contenter, le fait même de la langue étant donné, de nous ramener au moment du choix de la forme de cette langue, il doit aussi nous ramener au mouvement «premier» qui dans la parole porte à la rencontre de *toute* langue, existante ou à venir. À chaque occurrence du figural, la parole recommence, elle doit être réinventée de fond en comble dans sa nécessité et dans sa forme. C'est l'irruption discursive même qui se rejoue et qui s'éprouve sensiblement, dans un dispositif tensionnel. Événement dans l'événement, le figural est donc une parole portée à la puissance seconde, parce qu'en même temps qu'il s'y dit quelque chose, (et pour que quelque chose puisse s'y dire) la possibilité même de dire y est reprise et fondée à neuf.

L'ENTRE-DEUX

Et si de part en part je m'étais trompé ? Si j'avais prêté au traducteur du *Tao* une intention qui n'a jamais été la sienne ? S'il n'y avait nulle figure dans cette *terrasse en printemps* mais seulement une négligence d'expression, voire la distraction d'un prote ? Est-ce que la figure s'effacerait jusqu'à ne plus laisser comme le chat de Cheshire qu'un sourire – ici ironique – dans le texte ? Est-ce que tout ce que cette expression a animé pour moi d'évocation de langue et d'effets de sens en contexte s'effondrerait instantanément ? Dois-je craindre d'être leurré par des simulacres d'expérience figurale où j'éprouverais toute l'actualité que je viens de décrire « à vide » – sans aucun répondant objectif ? Et si c'est le cas, si tout énoncé est porteur d'une telle puissance d'illusion, ne faut-il pas en revenir au silence ou à l'accueil de ce qui se laisse parfaitement entendre dans l'univocité, hors des pièges du figural ?

Ou à l'inverse, si j'étais resté à côté ou en-deçà des intentions de la figure, si j'en avais manqué des aspects essentiels ? Par exemple : c'est délibérément que le traducteur du Tao aurait employé *en* à la place de *au*, non pas du tout pour introduire à une détermination de *terrasse*, mais bien au sens d'une spécification temporelle de l'action contenue dans *ascension*. Il aurait donc détourné l'opposition purement euphonique *au* (devant cs.)/*en* (devant voyelle), pour la resémantiser. Effectivement, dans d'autres usages *en* régit des compléments de temps avec une nuance durative (*en* janvier, *en* 1900...) qui l'opposent au caractère ponctuel de *au* (*aux* beaux jours, *au* premier janvier...). Le français lui aurait donc semblé «ponctualiser» à l'excès les saisons (ce qui n'est remarquable qu'avec *printemps*, l'équivoque régnant sur le *en* qui régit les autres saisons). Il aurait voulu marquer que l'ascension rituelle, bien moins qu'elle ne se fait à date fixe, a lieu dans une humeur saisonnière qui s'étend sur toute une période. Duratif, le *en* manifesterait aussi le caractère «atmosphérique» de ce printemps qui englobe l'ascension comme l'ambiance qui lui convient. Et on ne serait plus très loin de la nuance de «manière» qu'on reconnaissait tout à l'heure au même *en*, construit autrement. Ainsi, encore une fois, une forme de la langue (l'extension combinatoire du *en* temporel) aurait été infléchie dans ses valeurs, pour décrire le caractère à la fois intérieur et débonnaire de l'excursion rituelle, l'accent n'étant plus mis cette fois sur la transfiguration de la terrasse.

Ou encore : le traducteur du *Tao* aurait une connaissance du français bien plus fine et précise que celle que je lui prête. Il se serait souvenu que, dans une acception un peu oubliée, *en printemps* renvoie bien en français à une «manière typique», de même d'ailleurs que *en hiver, en automne*, etc. Toutes expressions qui signifient «en habit de printemps, hiver, automne...», par un raccourci métonymique où la saison tout entière vaut pour le vêtement dont elle est l'occasion, mais où aussi on endosse avec ses habits de saison la saison tout entière. L'effet de sens alors serait autrement complexe. Le *en* serait bien porteur des valeurs dynamiques qu'on lui a reconnues, mais il ne serait plus au même titre le vecteur d'une archétypisation des apparences. La «manière» de la terrasse ne serait plus inédite dans la langue, mais en revanche elle apparaîtrait typiquement anthropomorphe et en tant que telle agent d'une métaphorisation de la terrasse. Les apparences printanières de la terrasse seraient redécrites comme « vêtement de saison » selon un curieux retournement de l'orientation du trope. En effet, dans la langue, l'expression *en printemps* donne l'apparence saisonnière pour modèle du changement vestimentaire : elle redécrit un fait de culture – l'habillement – en fait de nature – l'apparition de formes et de couleurs saisonnières. Mais c'est qu'elle est régulièrement appliquée à des sujets humains. Dans notre contexte, employée à propos d'un objet naturel, l'expression redécrirait un fait de nature – l'apparence printanière – en fait de culture – le vêtement –, lui-même étant redécrit dans la langue comme fait de nature. Ou encore : la terrasse entre en ses habits de saison comme en la saison qui elle-même « se vêt », etc.

La re-présentation de la langue consisterait encore en un élargissement du paradigme des « manières » régies par le *en*, mais sur un mode plus spécifique : elle étendrait à *en printemps* (littéral et « non typique ») la valeur de « manière typique » clichée dans *en printemps* (métonymique). L'effet de sens local serait analogue : présenter l'apparence de la terrasse comme une forme aussi transitoire, détachable et typique que le vêtement. Mais il se prolongerait en d'autres retentissements représentatifs : en faisant pivoter les positions du « propre » et du « figuré », l'expression ébranlerait la primauté du « naturel » comme comparant du culturel, elle montrerait qu'une circularité infinie en fait les figurants l'un de l'autre et que seul un arrêt arbitraire dans cette circularité permet d'assigner une propriété « première » à une classe de choses. Par là elle accentuerait et généraliserait implicitement, à partir de la *terrasse en printemps*, une vision dynamique des formes du monde, en les montrant non seulement mobiles mais convertibles l'une en l'autre.

Que faut-il en conclure ? (On aura compris que je ne cherche pas ici à élucider l'intention «vraie» du traducteur du *Tao*, ni même à interpréter son énoncé : plutôt à observer comment le figural se produit, comment il «varie» et de quel type de vérité il peut être crédité). Non pas que toute reconnaissance du figural soit arbitraire ou invérifiable. Entre toutes les hypothèses que j'ai posées, il y en a sûrement une qui est meilleure que les autres : plus riche de relations avec le contexte, plus précise, plus économique dans le trajet interprétatif qu'elle propose. Mais *quelle que soit* l'hypothèse qu'il faille retenir en définitive, il se révèle ceci qui les réunit toutes : que le discours est toujours en puissance de figuralité, c'est-à-dire qu'un retour sur sa forme y est toujours possible, et que ce retour se produit *entre deux* représentations de la langue. Il suffit qu'un locuteur et son destinataire aient, pour des raisons absolument contingentes (distance historique, éloignement social) deux représentations de la langue divergentes pour que le discours de l'un soit d'emblée figuralisé par l'autre. Que cet écart ait *de plus* été prévu et joué par l'énonciateur, ce n'est qu'une circonstance historiquement contingente du figural et que les péripéties du temps peuvent aussi bien effacer.

Ainsi dans la *Recherche* M. de Norpois est-il invité à dîner par les parents du narrateur en grande partie pour l'exotisme de sa langue diplomatique, langue qui est vraiment entendue parce qu'elle est devenue absolument désuète. Et moi-même, feuilletant Ronsard, je m'arrête presque à chaque mot, dont j'évalue la valeur phonétique et la richesse d'associations, j'assiste à une syntaxe que le dépaysement historique me rend plus évidemment vigoureuse, et dont je vois à l'œuvre le *travail* de relations. Ou encore, lisant la traduction du *Tao*, qu'elle soit subtile ou fautive, j'accède à la reconnaissance de la valeur du *en* en français, j'en reparcours toutes les nuances. Son usage équivoque me révèle des relations entre temporalité et manière, espace englobant et détermination intérieure, apparence et manifestation. Et je saisis que tout ce jeu est produit en fait par la métaphoricité latente du *en* dans la langue, ici animée par l'ambiguïté. Ceci est une vérité qui en aucun cas ne me trompe.

Or l'important est évidemment que le figural n'a jamais tort. Quelles que soient les causes de l'entre-deux, il conduit *réellement* à une re-présentation de la langue. Seuls peuvent se tromper le raisonnement sur les intentions de l'énonciateur, et l'interprétation des relations dont la forme de l'énoncé est porteuse en contexte. Mais le mouvement du retour à la forme même de la langue est certain. La famille du narrateur de la *Recherche* n'« invente » pas les tours de phrase de M. de Norpois, elle les entend mieux que ses anciens collègues aux Affaires et je ne projette pas dans Ronsard une syntaxe inexistante, je l'appréhende au point de sa plus grande actualité, peut-être inaperçue de ses contemporains. Il y a ainsi du « musée imaginaire » dans l'écoute de toute parole, mais ce serait une erreur de croire que c'est un obstacle à l'évaluation des formes. Bien au contraire, sous le stuc des déclarations d'intentions et des projets affichés, se révèle peu à peu la ressource de structure et la véritable vigueur de l'énoncé.

Bien sûr ce caractère inévitable du figural (puisqu'il n'est sans doute pas deux locuteurs qui aient exactement la même représentation de la langue – puisqu'il y a toujours du «jeu» entre les langues qui se parlent) ne doit pas faire oublier qu'il constitue aussi *un* jeu de discours spécifique, répondant à un calcul délibéré. Et en tant que tel, le figural est le produit d'une autre nécessité : non celle, mécanique et involontaire, née de l'écart entre la langue des uns et des autres, mais celle qui vient avec l'inter-locution, c'est-à-dire cette distance à conquérir entre moi et l'autre qui motive ma parole. Le figural projette et médiatise cette distance dans l'énoncé en y configurant le vacillement entre deux formes de la langue. Il faudra que, surmontant une rupture de communication, je passe par ces deux formes successivement identifiables comme celle de l'autre – novatrice – et la mienne – normative –, pour en mesurer le déplacement, et la force d'adduction.

Il y a donc «crise». Et rien ne garantit l'issue de cette crise, sinon le prix que j'accorde au lien verbal. Avec le figural, il devient en effet de ma responsabilité de remédier à l'inachèvement des formes et des significations ou d'assumer une rupture de communication. Ce dilemme m'arrache à mon extériorité de contemplateur des significations. Quel que soit le choix que je fais en dernier ressort, je n'ai plus le privilège de la désinvolture. Mon refus de traiter avec le figural entraîne le rejet d'un ensemble de contrats : le «linguistique» (qui pose que les mots de la langue ont un sens), le «sémantique» (qui admet qu'un énoncé est interprétable), l'«interlocutoire» (qui postule qu'on ne (me) parle pas pour ne rien (me) dire). Cette rupture me rejette moi aussi dans une extra-territorialité symbolique qui m'ouvre à une violence virtuelle... Celle du malentendu et de la discorde[9].

Faut-il voir dans la provocation figurale un cynisme du discours? Un chantage au non-sens où le discours trahirait le consensus sur les représentations auquel la langue semble vouée par essence? Ce serait céder à l'illusion que la langue puisse être clôturée dans un univers de formes et de significations closes. Ce serait aussi retirer au discours tout *mobile*. Le figural rappelle que la dynamique du discours est de se conquérir sans cesse sur la langue, au risque de l'entente. Il n'y a pas de communication dans la parole sans cette «passe» entre deux, par laquelle je suis arraché à un site linguistique, introduit de force dans la sphère de l'autre, et amené à reprendre à mon compte la proposition de langue qu'il me fait, à en poursuivre même l'esquisse. En dehors de cette expérience, la parole se réduit à des retrouvailles sur un partage déjà opéré – au lieu de ce partage en acte entre deux –, à une commutation de fonction des deux côtés d'un canal – au lieu d'une mise à l'épreuve du code à propos de «ce qu'il y a à dire». Ses seuls événements sont des incidents de manipulation ou de

9. Peu de rhétoriciens (mais beaucoup de faits divers) nous parlent de l'échec possible du figural. Il y a tout de même quelques pages de Jean Paulhan, dans *l'Expérience du proverbe* (*O.c.* II, Paris, Cercle du livre précieux, 1966) et dans *les Hain-Tenys*, (*ibid.*) qui en évoquent les périls. Le risque y apparaît d'ailleurs partagé entre le locuteur qui peut se trouver rabroué pour l'inopportunité de sa tentative figurale, et l'auditeur qui peut s'avérer incompétent à surmonter la provocation qui lui est faite. La joute proverbiale malgache décrite par Paulhan est au fond un genre qui joue du balancement de ce risque entre deux, qui l'institue en jeu de forces collectivement sanctionné, où s'épargnent sans doute des querelles plus âpres.

transmission. Les changements de rôle y supplantent l'« échange ».

L'événement figural implique donc que je m'expose à cette ouverture qu'un autre ménage dans la langue et où je suis sommé de prendre avec lui le risque d'un change de forme. Or, qu'est-ce qui peut bien m'amener en ces lieux du plus grand danger, là où ma représentation de la langue pourrait se perdre et avec elle mon abritement symbolique, là où j'encours le péril de trébucher avec l'autre dans la promiscuité de l'insensé ? Sans doute le crédit que j'accorde à cet autre avec qui j'ai bien voulu entrer en matière, la confiance que j'ai qu'il me conduira à bon port dans la signification et tous les motifs intersubjectifs qu'on voudra[10]. Mais au-delà, ce point où entre deux la forme de la langue est sacrifiée à l'irruption d'un quelque chose à dire m'apparaît bien comme l'enjeu profond de toute parole. Il s'y produit une mise à jour qui nous concerne en commun et où nous nous retrouvons, même si pour cela il m'a fallu d'abord accepter cette avance de l'autre sur moi, cet assujettissement à la forme de sa parole. Cette forme en effet, il a fallu qu'elle m'« arrive », elle serait restée inachevée sans moi et elle demeure ouverte après moi et inappropriable. Un autre saura peut-être la pousser plus loin et approfondir ce qu'elle dit. Je devine en tout cas qu'une telle ouverture ne saurait advenir qu'entre deux, grâce à cet écart qui résulte d'une différence de position dans la langue. Ainsi la conjoncture

10. Dans *la Parole intermédiaire* (Paris, Seuil, 1978), François Flahault les analyse très bien. Pourtant la parole ne s'y réduit pas. Il y a dans la parole un « entretien » qui dépasse ses déterminations psychosociologiques. Sans cet entretien aucune communauté linguistique ne pourrait être fondée qui serve de cadre à ces « rapports de place » qu'elle autorise.

interlocutoire qui en la circonstance manifeste la priorité de l'autre n'a rien de figé. Il se peut qu'elle se renverse dès que je reprendrai la parole. Et ces jeux de force nous trouvent occupés à autre chose qu'eux : une mise en travail de la désignation à laquelle nous sommes également intéressés parce qu'elle prouve non seulement qu'on parle mais qu'on *peut* parler, entretenir la parole, lui faire accomplir le frayage référentiel qui justifie son existence de fait.

PASSAGE DE LA CATACHRÈSE

L'événementialité du figural, cependant, ne se laisse pas saisir sans ombre portée qui est sa disparition dans l'inactuel. Car le figural ne cesse d'apparaître et de disparaître malgré l'effort solidaire des grammairiens pour définir des normes et des rhétoriciens pour objectiver des types d'écart. Chacun sent pourtant que les grammaires et les rhétoriques sont aussi impossibles que nécessaires. Impossibles parce que les limites qu'elles tracent (à la norme, à l'écart – c'est-à-dire à l'événement) peuvent à tout moment être déplacées par l'événement même, c'est-à-dire par une situation de parole réelle où des interlocuteurs engageront une représentation de la langue autre que celle qui leur est assignée. Nécessaire parce qu'il faut au moins provisoirement s'entendre sur la forme de la langue si l'on veut parler, et faire de la parole le cadre de déplacements et de réévaluations de cette forme.

Quoi qu'il en soit, l'inactuel est au revers de toute reconnaissance de la forme linguistique. Pour identifier des signes, on a dû en effet écarter tout ce qui n'était pas strictement nécessaire à cette identification, c'est-à-dire non seulement des qualités sensibles mais aussi des jeux de rapports (dispositions, intensités, quantités, homologies et contrastes) qui accompagnent la réalisation de la langue en parole et troublent la netteté de l'articulation linguistique. Et dans cette discrimination, on s'est sans cesse guidé sur l'inactuel comme le critère du linguistique. Les signes linguistiques ont effectivement pour caractère d'offrir des représentations ou des types de rapports «déjà opérés». Les associations sémantiques n'ont pas à y être accomplies parce qu'elles nous sont garanties par le lexique, la syntaxe n'exige le frayage d'aucun mode de relation mais la mise en œuvre de fonctions que leur répertoire dans les grammaires suffit à nous faire supposer connues et comprises[11]. Et l'on conçoit bien que sans ce fond d'inactualité que déploient avec elles les formes certaines de la langue, un énoncé ne serait plus qu'une somme de doutes et d'hypothèses sans forme fixe ni points d'appui. Et rien ne saurait y paraître, ni représentation ni bouleversement figural. S'il est vrai que la communauté linguistique se rejoue et se retrouve dans le figural, elle se lie et se perpétue dans une «dé-présentation» de la langue qui lui assure la transparence de ses pensées et de ses actes.

Ainsi se trouvent rejetées dans une latence, qui double le discours et s'accroît avec lui, non seulement son épaisseur sensible mais surtout la dynamique de relation à partir de laquelle la langue a dû constituer sa règle et que la moindre attention au jeu

11. Mais qu'est-ce réellement qu'un «complément d'objet» ou un «génitif»? Quelle multiplicité de rapports recouvrent ces noms de «fonctions»? Ne pourrait-on pas tout aussi bien les relire comme des «figures»? Toute grammaire n'est-elle pas une rhétorique? Pour une telle reconsidération de la grammaire, et les conséquences philosophiques qui en découlent, cf. par exemple M. Deguy, «Le retour du génitif» in *La poésie n'est pas seule,* Paris, Seuil, 1987, p. 132.

des formes nous fait redécouvrir à l'œuvre dans un énoncé. C'est pourquoi lorsque «rien» ne laissait prévoir l'apparition du figural (ni la circonstance, ni le genre discursif, ni la personnalité du locuteur) on peut aussi bien dire que «tout» la laissait attendre. Tout ce qu'on a repoussé pour faire place à une bonne forme du discours et qui devait bien subsister quelque part comme sa *réserve*. Il aura suffi d'une hésitation sur la forme de la langue ou d'un revirement de la visée sur les données plastiques du discours – comme en un de ces tropes de l'intentionnalité qui, dans la perception, surprennent parfois un regard trop sûr de ce qu'il voit, c'est-à-dire finalement démobilisé, passif et ouvert au surgissement d'une *gestalt* inattendue – il aura suffi de cette éclipse du linguistique pour que se produise une involution dans le discours de ce qu'il refoulait hors de lui.

Cependant, parce qu'il exige des «opérateurs», cet événement figural n'a ni pérennité ni objectivité. Toujours virtuel dans le discours (à raison même de la consistance formelle du discours), il n'est jamais assuré. Il reste suspendu à la tension que crée l'écart entre deux consciences linguistiques. Et rien n'est plus fragile et éphémère que cet espace de réfraction interlocutoire, aussi menacé par le consensus linguistique (les écarts de l'énoncé sont intégrés à la norme du destinataire) que par son éclatement (les interlocuteurs n'ont plus de norme commune). Même lorsqu'il a paru, dans une distance exactement mesurée, le figural est d'ailleurs voué à un retrait dans l'inactuel, à un retour à l'inertie de l'association linguistique. Car pratiquement, dans la poursuite du sens, *personne n'ignore qu'il faut savoir finir une figure*. C'est-à-dire, en un point, substituer aux tensions esthétiques et aux processus d'inférences qu'elles ont soulevés une abréviation qui «vaudra pour» un sens, permettra à la figure de «passer», et à l'entretien de s'accomplir[12]. Il faut néanmoins reconnaître que, dès lors, rien n'est plus tout à fait comme avant : la forme du discours a perdu son innocence, sa transparence. Encore marquée des opérations qui l'ont produite, mais déjà en état de disparition, elle baigne dans une lumière ambiguë.

D'où une sérieuse difficulté pour les rhétoriciens, aussi soucieux que les grammairiens de répertorier les formes objectives qui relèvent de leur compétence. On sait que la solution, à partir de Dumarsais, consiste à présenter, sous le nom de *catachrèse*, comme une «espèce» de figure ce qui est manifestement une *modalité* du figural : l'inactualité. Le paradoxe éclate dès l'abord dans le *Traité des tropes* qui range la catachrèse, au chapitre second, sous la rubrique «Des Tropes en particulier», mais qui est amené à conclure qu'«elle règne en quelque sorte sur toutes les autres figures» (p. 61). Il y a là une difficulté propre à ébranler tout l'édifice rhétorique[13]. Il faut y

12. Aussi, malgré les attaques légitimes qu'elles subissent, les anciennes théories «substitutives» du trope, ont-elles du vrai. J.-R. Searle écrit : «… le problème cardinal de la métaphore est d'expliquer comment le sens du locuteur et le sens de la phrase divergent l'un de l'autre tout en étant pourtant reliés l'un à l'autre. Une telle explication est impossible si l'on suppose que le sens de la phrase ou du mot a changé dans l'énonciation métaphorique.» (*Sens et expression*, Paris, Minuit, 1982, p. 133). Il est clair que, dans le processus tropologique, il n'y aurait aucune tension figurale, si le mot employé métaphoriquement ne gardait d'abord son sens littéral. Mais il est non moins clair qu'au terme d'une interprétation, le mot employé métaphoriquement est «traduit» approximativement. À défaut d'admettre cela, on s'interdit de comprendre toutes les substitutions de sens qui affectent peu ou prou tout le lexique dans une vaste dérive tropologique. On suppose que toute figure reste indéfiniment ouverte et tensionnelle, ce que démentent l'expérience et l'histoire de la langue.

13. Fontanier, on s'en souvient, définit la catachrèse comme authentique trope mais «non vraie figure». La figure tropologique n'est plus définie, comme chez Dumarsais, comme écart par rapport

revenir parce que c'est aussi de ce point crucial que peut partir une autre approche du problème rhétorique.

Dumarsais s'efforce donc de donner un statut à ces tropes rendus imperceptibles par leur ancienneté et leur caractère coutumier : les «*pieds* du fauteuil» et autres «*feuilles* de papier». Bien plus que le résultat d'une opération, il y voit une conséquence mécanique de la pénurie des signes face à la richesse des idées. L'état de pauvreté sémiotique, de même que l'abstraction de certains concepts, expliquent que les «mots n'ont pu garder longtemps une simplicité qui les restreignît à un seul usage» (p. 60). L'«extension» se confond ainsi avec le développement historique des langues – ou encore *l'abus* (*l'abusio* latine qui traduit la *catachrèsis* grecque) *est la loi* par l'effet d'une violence qui renvoie à l'effraction linguistique elle-même. Significativement, le mot «langue» est d'ailleurs présenté comme un exemple *princeps* de

---

à un sens «premier», mais comme substitution d'un terme pris au sens tropologique à un terme pris dans un sens littéral. Les catachrèses ne répondant pas à ce critère substitutif ne sont donc pas des figures. Ainsi «aile» dans «aile d'un bâtiment» peut bien être reconnu comme tropologique puisque historiquement il y a dû avoir «changement de sens», mais il n'y a pas figure puisque aucun mot de la langue ne pourrait venir, en synchronie, se substituer plus littéralement à lui pour désigner la même chose (Sur tout ceci, cf. Fontanier, *les Figures du discours*, Paris, Flammarion, 1968, et l'introduction de G. Genette). Le geste de Fontanier consiste donc d'une part à réserver, comme Dumarsais mais plus radicalement, la catachrèse aux tropes; d'autre part, à interdire toute interrelation entre langue et figuralité, par une saisie purement synchronique de l'événement figural. Dans le moment instantané de l'écart, il faut bien en effet qu'une légalité, fût-elle imaginaire, se heurte à une transgression. Mais les figures de Fontanier sont sans passé et sans avenir : on ne peut jamais reconnaître comment elles viennent de la langue et comment elles y retournent. Elles se tiennent dans ce hors-temps radical où une légalité absolue rencontre des écarts absolus. La temporalité même du processus figural étant exclue par cette pure synchronie, on ne saisit plus comment une substitution peut finalement être comprise, c'est-à-dire en un point réintégrée au discours en tant que forme de langue possible...

catachrèse : le nom «langue» est catachrétique (on désigne la fonction par l'organe qui l'autorise) comme le sont les éléments de son référent. Car les listes qu'ébauche Dumarsais manifestent que, de proche en proche, ce sont toutes les catégories lexicales qui sont concernées : non seulement les noms, mais aussi les verbes, les auxiliaires «être» et «avoir», les pronoms comme «dont», les adverbes, les prépositions comme «dans» ou «après». Le lexique est donc en état de catachrèse généralisée, il est de part en part dérivé figuralement, et seule la restriction du propos de Dumarsais aux tropes l'empêche de montrer qu'il en va de même de la syntaxe et de l'organisation phonétique du discours. Car s'il y a des catachrèses *de* métaphore, *de* métonymie, *de* synecdoque, comment n'y en aurait-il pas d'ellipses ou de chiasmes, d'allitérations ou d'assonances[14] ?

Sans doute Dumarsais a-t-il tort de confondre, comme un seul mouvement tropique, le «tour» du sens et le tropisme de son actualité. Mais en montrant l'extension de la catachrèse, en la posant comme principe de développement de la langue, il fait une (re-)découverte dont l'oubli scande l'histoire de la rhétorique : celle de la figuralité générale dont relèvent à la fois les «figures» et les formes de la langue. Cet «oubli», on l'a vu, n'est pas seulement le fait de la

14. En effet, on trouverait sans peine des exemples de réduplication consonantique passés dans telle ou telle langue en marque intensive ou aspectuelle du verbe : la figuralité de l'allitération en même temps qu'elle est devenue forme de langue y disparaît en tant que telle. Ailleurs, dans telle langue sémitique, la répétition du mot se catachrétise en marque de pluralité (sur tout ceci cf. E. Cassirer, *La Philosophie des formes symboliques* I (1953), Paris, Minuit, 1972, p. 147). À l'inverse, une ressource syntaxique peut se transformer en figure dès qu'elle est proscrite : soit notre «anacoluthe» (ou rupture de construction), non remarquable dans la langue de la Renaissance, mais qui dans la langue classique réapparaît comme figurale, puisqu'elle est écartée de la norme linguistique.

rhétorique, il est au revers de l'exercice de la langue. Mais il s'avère impuissant à occulter absolument le fond figural qui resurgit au détour d'un événement discursif ou d'un ressaisissement rhétorique du discours. Toute rhétorique qui choisit d'ignorer la figuralité généralisée dont relève la parole est la proie d'un dérèglement essentiel. Ses classifications demeurent incapables de discriminer formellement des formes d'écart et des formes normales, puisque la norme est un seuil perpétuellement retracé entre deux par la compétence linguistique de chacun et les mutations de la langue. Cependant, il est de fait que malgré l'arbitraire de ses décrets, ou plutôt à cause d'eux, la rhétorique la plus naïve et impensée jette efficacement le soupçon sur le tout du discours : y a-t-il figure ou non? Aucune réponse ne peut absolument soulager cette inquiétude. L'absence de critères absolus, la variété des classifications et l'incertitude sur le nom même des figures répandent le doute sur l'innocence de *toute* forme discursive. Et par son défaut même, la rhétorique rejoint ainsi pratiquement le but qu'elle est incapable d'atteindre théoriquement : réveiller la conscience de la langue, rendre compte de la figuralité en puissance dans le discours en général.

Pour efficaces qu'elles soient, de telles rhétoriques laissent insatisfait par tout ce que leur activité comporte d'aveugle, et leurs justifications d'égarant (car il en est peu qui ne cherchent à fonder leur arbitraire en raison[15]). On peut donc rêver à d'autres rhétoriques plus

15. Or c'est au contraire cet arbitraire qui garantit leur bon fonctionnement. Par exemple une rhétorique à deux figures qui décréterait que toute forme discursive est susceptible d'être «ronde» ou «carrée», «hirsute» ou «peignée» (pour reprendre ses mots à Dante) contraindrait à effectuer le même retour au discours que la plus sophistiquée des classifications de figures.

lucides sur elles-mêmes, plus proches surtout de l'expérience de la parole. Ainsi un *Traité* non plus *des figures* mais du *figural*, au lieu de classifier des écarts distinguerait phénoménologiquement des modes d'actualité de la forme[16] (ce qu'ébauche de fait mais sans en rendre compte la tripartition du littéral, du catachrétique, et du figuré dans les traités classiques[17]). Ou, s'il s'agit de pousser la description des formes, un *Traité général des figures*, reprendrait à la langue *comme* figures (c'est-à-dire relations en acte, en travail, que la légalité linguistique n'immobilise jamais totalement) telle fonction syntaxique, telle tendance phonétique, telle valeur positionnelle ou telle polysémie lexicale[18]. Je laisserai cependant ces traités à leur existence éparse dans les propos des philosophes, des grammairiens et des poètes, pour aborder une question qui les précède en droit : celle du dispositif esthétique à l'œuvre dans le processus figural. Quel jeu de forces et de formes peut bien en effet avoir le pouvoir de détacher du même fond la langue et ce qui la transgresse pour mieux la réaliser?

16. C'est très exactement cette conversion qu'opère J. Paulhan dans son parodique *Traité des figures* (*O.c.* II) : manifestant le dérèglement et l'impossible de la typologie classique des figures à mesure qu'il l'expose, il conduit son traité à ce point.

17. Mais doit-on s'en tenir à ces trois états? Ne peut-on relire l'«hypotypose», figure supposée «mettre sous les yeux» la représentation, moins comme une forme linguistiquement identifiable que comme l'actualité la plus vive du figural, qui déchire le jeu des écarts réglés?

18. Sur cette voie, qu'on pense aux anciennes grammaires qui traitent de la quantité syllabique, ou au sort longtemps incertain de telle fonction syntaxique entre grammaire et rhétorique (par exemple l'«épithète» – c'est-à-dire l'adjectif descriptif et non définitionnel – encore répertoriée par Fontanier comme «figure d'élocution par extension» (p. 324). Ou à l'«apposition» présentée par lui comme «figure de construction par exubérance». Tout aussi bien on pourrait être attentif à la charge tropologique que recèle la re-nomination impliquée par l'apposition : ainsi V. Hugo en poussant l'apposition à son maximum de tension dans des expressions comme le «pâtre promontoire» n'aura fait, en guise d'«écart», que révéler cette charge tropologique.

II. ESTHÉTIQUES DU FIGURAL

Pour approcher le «fond» figural, il nous faut remonter en deçà des figures instituées, c'est-à-dire nous résoudre à opérer une certaine dissolution du point de vue rhétorique. Dissolution ne signifie pourtant pas négation, car ce que nous visons comprend le champ rhétorique et l'anticipe. Il s'agit de *cela* que la rhétorique a dû restreindre pour se constituer comme discipline. Nulle part ce geste n'apparaît plus clair que dans l'*Institution oratoire*, au moment où Quintilien s'interroge sur l'extension de la notion de «figure»[1]. Il envisage successivement deux possibilités. «Ou bien», dit-il, «c'est la forme, quelle qu'elle soit, donnée à l'expression d'une pensée (*qualiscumque forma sententiae*)» – et dans cette hypothèse on fait entrer dans le champ des figures ce qu'on pourrait appeler la figuralité «passive» des formes linguistiques (un cas est une «figure», tout comme un suffixe ou l'usage d'un temps verbal) et du discours (tout énoncé présente une certaine distribution phonétique, un rythme régulier ou non, une conformation syntaxique donnée). La figuralité apparaît alors comme l'envers *positif* de l'arbitraire du signe : il y a «figure» parce qu'aucune forme linguistique n'est «propre», parce que chacune constitue la saisie partielle et

1. IX, 1, 10-13.

oblique d'un réel – parce qu'aussi toute forme linguistique, en se réalisant dans le discours, *se produit* comme une forme margée de singularités qui affectent sa valeur. « Ou bien », poursuit Quintilien, « c'est un changement raisonné (*cum ratione mutatio*) du sens ou du langage par rapport à la manière ordinaire et simple de s'exprimer » – et tout à la fois, dans cette seconde hypothèse, on immobilise l'évolution linguistique, on présuppose une norme idéale de réalisation discursive et on présente la figure comme une transformation réglée *a priori*.

On ne s'étonnera pas que Quintilien opte pour cette seconde hypothèse, celle de la figuralité restreinte. Ce choix ne lui revient d'ailleurs pas en propre : il est le corrélaire de toute institution de la rhétorique. Car la rhétorique ne peut exister comme corps de doctrine hors d'une limitation de son champ. Elle ne saurait traiter des formes du discours « quelles qu'elles soient » : une telle ouverture défie toute codification. La clôture du champ rhétorique suppose un ensemble d'exclusions. Ainsi les formes de la langue devront être « littéralisées », c'est-à-dire traitées comme valeurs « grammaticales » (qui ne se distinguent en fait des valeurs « figurales » que par le postulat de leur fixité et de leur inactualité). Et sur le plan de la parole, les écarts irréguliers devront être considérés comme négligeables. On voit tout ce qu'il y a d'inconfort dans la position rhétorique : d'un côté, elle vise à se constituer comme une grammaire des écarts, et elle est donc menacée de se confondre avec un modèle grammatical élargi (par exemple générativiste) ; d'un autre côté, elle risque d'être remise en question par des écarts non repérés, par l'émergence de « formes quelles qu'elles soient », toujours susceptibles, dans une circonstance discursive donnée, de prendre valeur figurale (qui sait d'où peut surgir une figure ?). La rhétorique, par l'incertitude permanente où elle est si elle doit se clôturer ou s'ouvrir, « flotte » dans ses contours. Son ressassement recouvre bien des dérives terminologiques (les mêmes noms servant à désigner des écarts différents), bien des déplacements de frontières (un flux incessant faisant entrer et sortir des figures de l'espace rhétorique). Nul n'échappe au malaise que suscite le flou rhétotique. Mais, on l'a vu, chacun pressent que l'existence de fait de la rhétorique est inévitable, et même nécessaire, en ce qu'elle témoigne, au cœur de la parole, d'un partage fondamental de l'actuel et de l'inactuel, qui seul garantit son ouverture.

Dès lors, nous qui venons « après » la rhétorique, comment faire pour remonter en deçà de sa restriction ? Comment retrouver le « fond » figural qu'elle a repoussé pour mieux légaliser ses écarts ? Sans doute suffit-il de nous mettre à l'écoute d'une parole, d'être attentifs à son événement même, pour que ce « fond » apparaisse à nouveau dans toute la puissance de son actualité. Encore faut-il s'armer de quelques principes de méthode. Il ne s'agira pas d'épeler des « figures », répertoriées dans des traités de rhétorique qui ont fait une fois pour toutes le partage du figural et du non-figural. Il s'agira de reconnaître une dynamique esthético-sémantique qui vient « de plus loin », qui traverse le tout de l'énoncé et imprime son froissement aussi bien à des relations linguistiques qu'à des « figures » reconnues et des singularités formelles. L'approche figurale – ou disons encore « stylistique » puisque cette discipline en jachère depuis bien des années est ouverte à la redéfinition de son objet –

traitera la forme de l'énoncé comme un champ global d'événement et non comme une somme de procédés prédéfinis. C'est seulement à partir d'une telle lecture que nous pouvons espérer scruter la «nature» du fond figural, jauger les forces en présence, voir à l'œuvre le débat formel qui déchire et relance la parole lorsqu'elle est portée à la puissance de l'événement. Un vers de Malherbe relu par Ponge en fournira ici l'occasion.

UN «BEAU VERS»

F. Ponge dans son *Pour un Malherbe* cite à plusieurs reprises, comme emblématique de la beauté malherbienne (tout à la fois celle que Malherbe traque, dans le monde, au visage des femmes, et celle qu'il cherche à mettre à jour poétiquement), ce vers :

> Le baume est dans sa bouche et les roses dehors[2]

Il n'en propose d'ailleurs ni interprétation ni analyse. On sent qu'il trouve chaque fois à l'énoncer une force de relance pour son propre commentaire, une forme de stimulation érotique à l'écriture qui n'est pas sans rappeler celle qu'il situe à l'origine du geste malherbien. La beauté sauvage et muette à maîtriser, la beauté sonore à formuler, la beauté poétique à reconnaître sont ici étroitement associées. Et voici sans doute pourquoi, lisant

2. Du fameux sonnet *Il n'est rien de si beau comme Caliste est belle…* (*Œuvres*, Paris, Pléiade, Gallimard, p. 81). F. Ponge se contente de le rapprocher d'une définition de la beauté attribuée à Malherbe : «Ce qui se trouve sur le visage des *belles femmes*, que l'on y *voit* et que l'on *ne peut définir…*» (*Pour un Malherbe*, Paris, Gallimard, 1965, p. 151).

Ponge, j'éprouve à mon tour les effets de l'énergie de répétition enfermée dans le vers. La formule me «revient» sans que je puisse me contenter de son apparente simplicité. En fait, comme c'est souvent le cas chez Malherbe, le bougé figural transparaît aux lieux mêmes de l'articulation linguistique, moins sur le mode d'une infraction que sur celui d'une légalité renouvelée.

Autrement dit, dans une lecture rhétorique traditionnelle, peu d'«écarts», peu de «figures». On est plutôt sensible à l'équilibre du vers qui fait tenir dans chaque hémistiche l'un des termes de l'antithèse. On admire le caractère péremptoire de l'affirmation. On remarque toutefois des tropes dont on souligne la valeur méliorative codée : le *baume* «pour» *l'haleine* et *les roses* «pour» *la clarté du teint*[3]. Un mot pour un autre. Ici la vieille théorie substitutive du trope est à son aise : peu d'inférences, les métonymies sont quasiment lexicalisées, les trajets interprétatifs tout tracés. Mais cependant, dès qu'on examine de plus près les formes et les jointures du vers tout paraît plus incertain, moins harmonieux. Chaque point apparemment assuré devient lieu de frottement et de tension.

---

3. Il y a des témoignages anciens que ces termes fonctionnent comme couple de substituts. Littré cite ainsi *Blonde et Jehan* de Philippe de Reim : «De s'haleine est si douce odeur, Que de bosme ne vient grigneur». Quant aux «roses», elles sont en contexte une re-thématisation explicite de la «clarté du teint» mentionnée au vers précédent :

La clarté de son teint n'est pas chose mortelle :
Le baume est dans sa bouche et les roses dehors… (v. 5-6)

Michel Jeanneret me faisait remarquer que, aussi codé soit-il, il y a tout de même chez Malherbe un développement un peu hyperbolique du thème floral (pavots des champs, roses en bouquets, promesses en fleurs) : et d'ajouter qu'il fallait peut-être voir dans l'œuvre une vigoureuse compensation des connotations associées au nom de Malherbe. Beaucoup de roses, donc, pour racheter le chiendent du patronyme…

Par exemple, il est tout de même remarquable que tous les « beaux vers » qu'on retient de Malherbe, lui qui est censé nous avoir forgé l'alexandrin carré du classicisme, soient en fait légèrement dissymétriques et « abrégés » par la coupe enjambante du deuxième hémistiche :

Le bau/me est dans sa bou/che, et les ro/ses dehors.

Il y a là une marque de fabrique typiquement malherbienne[4]. Bien sûr, Malherbe n'y contrevient à aucune loi prosodique. Le e muet en position de coupe enjambante a droit à une existence syllabique pleine, mais sa faiblesse après l'accent, notamment lorsque la syllabe accentuée est encore allongée par une constrictive finale [z], l'incertitude sur la mesure rythmique à laquelle il doit être rattaché dans la prononciation réelle ([Ro/zədəɔR] ou [Rozə/dəɔR]), en font tout de même une voyelle phonétiquement, sinon prosodiquement, fantomatique. Ainsi le vers finit dans un mouvement d'accélération, dans une dynamisation de la dernière mesure rythmique, qui passe très rapidement de la syllabe la plus faible à celle qui sera la plus forte du vers. L'ordre métrique – qui égalise toute syllabe et stylise ainsi le flux de la parole – abrite sous sa légalité une impatience rythmique qui le précipite. Dès que le vers s'éprouve, se réalise oralement, se produit « au dehors », il se fausse. Impatience[5], désinvolture triomphante, comme si déjà le tout du vers était joué dans son premier hémistiche, comme

4. Ainsi : *Et rose elle a vécu ce que vivent les roses, Et les fruits passeront la promesse des fleurs, Et la garde qui veille aux barrières du Louvre*, etc.

5. À la bouche de Malherbe, donc, des « impatientes » plutôt que des « roses » (autre forme de « baume » puisque le nom savant des « impatientes » n'est autre que « balsamine » du grec *balsamon* d'où vient aussi « baume »)...

s'il ne s'agissait plus que de finir en force : la même posture se reproduit, se re-présente au plan syntaxique dans l'ellipse du verbe qui abrège la prédication, dans la concentration en un adverbe du circonstanciel. La figure rythmique diffuse ainsi de strate en strate sa hâte d'en finir après avoir imposé l'essentiel, et le parallélisme du vers affiché par la coordination apparaît d'emblée suspect, et à reconsidérer.

De fait la structure phonétique confirme cette dissymétrie. Une écoute un peu attentive du vers n'échappe pas à la prégnance de l'allitération qui frappe d'un battement sonore les syllabes accentuées du premier hémistiche (*baume* / *bouche*) ; elle lui cherche un répondant dans le deuxième, qu'elle croit trouver dans la répétition des vibrantes (*roses* / *dehors*) mais c'est sous une forme inversée : la répétition des consonnes initiales est devenue chiasme, l'allitération des vibrantes [R] se redisposant de part et d'autre des voyelles accentuées ([Ro]-[ɔR] et faisant relire les voyelles accentuées du premier hémistiche [o] – [u] comme partie intégrante du système phonétique mis en place. Ainsi le jeu change de part et d'autre de la césure. Le battement allitérant se convertit en symétrie spatiale. Même disparité dans les effets de sens associés : l'analogie des signifiants qui suggère l'adéquation de « baume » à « bouche », se transforme en tension inverse entre « rose » et « dehors », où est plutôt évoquée leur contradiction.

La syntaxe même, qui paraissait a priori si simple s'avère pleine d'équivoques. L'article défini singulier dans « *le* baume » hésite entre une valeur générique à nuance superlative (*le* baume essentiel, l'absent de tous les baumes, ici évoqué, au-delà de toute particularité, par l'haleine parfumée) et des valeurs ostensives (*ce* baume circonstanciel désigné au lecteur par l'énonciation poétique). L'usage de l'article défini sert en contexte d'embrayeur tropologique : effectivement la localisation particulière du baume « dans la bouche » interdit d'accorder à l'article sa valeur littérale de notoriété générique. « Le » concept de baume sur lequel chacun peut s'accorder n'est situable dans aucune bouche. L'article présente *comme* défini un indéfini, selon un trope déterminatif qui donne la clé d'une grande partie de l'énonciation poétique, les « objets » poétiques se trouvant à mi-chemin de l'existence individuelle et générique, les « circontances » poétiques étant d'emblées transcendées par leur essentialisation. La *poiésis*, comme le souligne Aristote[6], traite du général là où l'Histoire et la Chronique ne rendent compte que du particulier. Cela définit aussi les conditions de sa *mimèsis* propre : pas de *mimèsis* en effet sans cette schématisation qui convertit le donné circonstanciel en sa propre épure. Dans les formes poétiques modernes, on le manifeste grammaticalement en faisant de l'article l'instrument d'une « synecdoque généralisante »[7], qui frappe implicitement l'ensemble des représentations même si elle ne s'applique visiblement qu'à certaines. La lecture ostensive (ou déictique) de l'article n'est pas moins tropologique mais avec une autre nuance : on y présente *comme* identifiable dans le contexte de la communication ce qui ne l'est aucunement.

Cependant le point intéressant c'est que d'un hémistiche à l'autre, il y a « césure » au cœur même de cet équivoque mouvement tropologique. La

6. *Poétique*, 51 b 5-10.
7. Selon l'expression du « Groupe Mu », dans J. Dubois *et alii*, *Rhétorique générale* (Paris, Larousse, 1970).

généricité des roses n'est pas, comme celle du baume, portée par un singulier, mais par un pluriel. Elle s'en trouve affectée d'une valeur plus concrète : la pluralité précipite les roses à la bouche, non plus seulement leur idéalité, mais le « bouquet » de leur totalité réalisée ; elle extériorise leur « essence ». Ce qui est retenu « dedans » est clos dans son idéalité. Ce qui s'« exprime » dehors, se « produit » et s'imagine en floraison multipliée[8]. Le second mouvement tropologique est orienté à l'inverse du premier : au lieu d'abstraire et idéaliser (comme a fait « le baume » en transfigurant une haleine particulière), il pluralise et concrétise en images. La tension idéalisante se convertit en rechute imaginaire. Ainsi le *et* ne coordonne pas seulement les deux termes d'une antithèse, il enchaîne deux gestes de figuration dissonants.

Une analogue distorsion marque les deux tropes au plan de l'anomalie référentielle. En contexte amoureux, la situation du baume dans la bouche surprend. Car elle implique une ingestion médicinale plutôt que l'onction parfumée et érotique dont on attendrait l'évocation. On est donc porté par le « savoir partagé » à interpréter « baume » comme tropologique et à y sous-entendre une réalité plus vraisemblable telle que le souffle ou l'haleine de la dame. En revanche, la, sinon *les*, fleur à la bouche est une des images convenues de l'érotique printanière et champêtre. « Les roses » sont

---

8. Une variante, parue dans un recueil satyrique en 1617 (Pléiade, p. 826) donne :

Le baume est dans la gorge, et la rose dehors

Vers bien différent, qui anéantit une grande part de la tension entre les deux hémistiches, en posant à la fois le parallélisme des voyelles accentuées [o] –> [ɔ]/[o] –> [ɔ], et celui des articles définis singuliers.

donc moins immédiatement interprétées comme tropologiques que « le baume ». Cependant le contexte d'élégance de cour qui marque le poème (le nom de la dame, le mètre alexandrin, la forme sonnet) rend improbable une représentation aussi rustique. Et c'est seulement à partir de considérations contextuelles élargies qu'on s'oriente vers une lecture des « roses » comme particularisant métonymiquement la « clarté du teint » évoquée dans le sonnet au vers précédent.

Les deux tropes lexicaux se rejoignent pourtant en un point : la légèreté de l'« impropriété » fait longuement osciller la lecture entre littéral et tropologique. Et cette oscillation marque le tout de l'énoncé, verbe compris. Elle pourrait nous faire songer à cette « signification tensionnelle » que relève P. Ricœur dans les énoncés métaphoriques où se tresse « la pointe critique du “n'est pas” (littéralement) dans la véhémence ontologique du “est” (métaphoriquement) »[9]. Référentiellement, il pourrait (presque) aussi bien s'agir d'une bouche rehaussée par les artifices du baume et des roses, que d'une bouche dotée d'un parfum et d'un incarnat naturels. Or que dit cette minime mais essentielle redescription du naturel par l'artificiel ? Elle suggère que la beauté de Caliste (*kallistè* = la plus belle) ne peut être saisie « en propre », mais, pour apparaître telle qu'en elle-même, doit être ressaisie par le dépli de ses qualités naturelles en artifices analogues. Le tropologique n'est ici que l'infime détour descriptif qui montre toute chair (et la « chair du monde ») scindée par les comparants qui seuls peuvent la dire.

---

9. *La Métaphore vive*, p. 321.

Ici l'implicite de l'énonciation tropologique retrouve l'explicite de l'énoncé. Ce nœud qui engage le destin du dire *à propos* du dit fait sans doute la force de tout effort de désignation. En l'occurrence, il s'agit bien d'exprimer, et jusque dans le jeu de la formulation, que la beauté («ce qui se trouve sur le visage des belles femmes, ce qu'on y voit et qu'on ne peut définir») ne tient pas en elle-même. Ce destin extatique de la beauté, mais tout aussi bien de l'être, se trouve clairement figuré par le battement de part et d'autre d'une «césure» entre la clôture en soi-même (clôture dynamique, émanation occulte) et le développement au «dehors», qui, re-présentant l'intérieur par un déploiement d'attributs extérieurs, le fausse. Il y a là un savoir qui est celui de tout effort pour dire, mais qui chez Malherbe trouve son inflexion particulière dans l'impatience rythmique qu'on a relevée plus haut. Pour surmonter la chute dans l'impropriété de la représentation, il faut un certain courage «rythmique» : rapidité, vigueur de la décision de produire «tout de même», désinvolture aussi. Le moment représentatif doit s'enlever d'une volte par-dessus une déception et la négliger en l'imposant à autrui.

Reste enfin la charge érotique du vers, qui n'est pas tout à fait étrangère à ce mouvement (et à sa relance). Elle tient à la fois à certains aspects du représenté et du représentant. Cette bouche retient ostensiblement en elle une part essentielle de jouissances (*la* part idéale et intègre que nous figure l'article défini singulier). Elle entre ainsi dans la mise en scène perverse que suscite tout désir d'objet : se montrer dans sa réserve, n'émettre que les signes superficiels et multiples d'une jouissance Une mais dérobée, de nature essentiellement narcissique.

N'est-ce pas d'ailleurs ce que nous donne à entendre (et à *voir*) le redoublement des bilabiales [b] dans «baume» et «bouche» : leur articulation ne consiste-t-elle pas justement en ce geste où «des lèvres se baisent elles-mêmes»[10] au moment de leur clôture? Et cette figure articulatoire qui passerait inaperçue dans le flux phonétique n'est-elle pas rendue sensible par l'allitération qui de plus abouche «baume» et «bouche» comme l'enveloppant et l'enveloppé refermés dans la réciprocité de leur union?

La perversion n'est d'ailleurs pas seulement du côté de l'objet. Une complicité lie la mise en scène narcissique et le blason poétique. Le sujet énonciateur redouble dans le poème le geste du montrer/cacher. Les articles définis se font alors entendre dans leur valeur ostensive plus que générique; ils sont une invite à compléter la représentation : à chacun de s'imaginer *le* baume de jouissance qu'il pense connaître. Mais c'est un seul (le poète) qui en détient manifestement la vérité, et l'allusion ne profite qu'à lui. Comment saurait-il ce qu'il en est du «dedans» et du «dehors», comment serait-il à même de faire ce partage s'il n'avait préalablement possédé cette bouche? Par les sous-entendus de l'énonciation, le portraitiste se présente en maître des jouissances. Et c'est cette fois le lecteur qui se retrouve exclu, convoqué/congédié par l'ostension qui lui est faite d'un objet possédé par un autre, rejeté en position perverse de voyeur. Seul le leurre représentatif que l'amant-poète tend à un autre le

10. On trouve une expression semblable dans un texte de Freud que J. Lacan mentionne sans plus de précision dans *le Séminaire* XI (Paris, Seuil, 1973) : «[Freud] nous dit quelque part que le modèle idéal qui pourrait être donné de l'auto-érotisme, c'est une seule bouche qui se baiserait elle-même...» (p. 164).

sauve lui-même du constat de l'impossible possession de l'objet.

Cependant l'interprétation érotique n'offre pas le sens ultime du vers. Tout autant la double affirmation qu'il renferme illustre le rapport de tout sujet à tout « objet », toute proie de discours, dont la femme n'est ici que la représentante exemplaire. Et il s'agit alors d'un élan « érotique » beaucoup plus général, celui même auquel Ponge est sensible dans la véhémence malherbienne. La chose du monde reste bouche close sur son secret. Le mouvement qui va au-devant de ses apparences charmantes ne la capte qu'en la perdant à travers une floraison d'images. Et le désir de formulation, dès qu'il se porte en avant, se pro-fère, en éprouve à son tour la fêlure intime. Il y a dans ce vers de Malherbe une insoluble tension entre l'effort pour pénétrer l'essence une et intime de l'objet et l'épreuve de son irréductible multiplication en aspects superficiels, tension d'autant plus insoluble que c'est dans le mouvement expressif qu'elle se révèle et se noue. Cela nous est moins *énoncé* (dans l'antithèse de deux propositions coordonnées sur un même plan logique) que *figuré* (dans l'ajointement de deux formes hétérogènes de part et d'autre d'une césure). Deux « syntaxes » configurent les mêmes éléments autour de deux pivots insensiblement décalés : la conjonction de coordination qui explicite l'association entre propositions à partir du second hémistiche ; la césure, véritable axe de symétrie de l'énoncé, qui jouxte les éléments sur un vide. La forme « vers » y déploie son efficace propre qui consiste en ceci qu'elle lie dans un battement. Là réside d'ailleurs sa force de relance : la liaison n'est donnée dans aucune syntaxe pré-établie, elle doit se prouver dans l'événement du vers, toujours à reprendre. Ici, en outre, le battement renvoie à la traduction d'un « dedans » en « dehors » de part et d'autre d'une bouche qui joue le rôle d'orifice-limite ; il figure l'effort et la chute – la symétrie et la torsion – dont est porteuse toute réalisation expressive de l'être et celle même du vers qui les dit. Cette réflexivité assure aussi la répétabilité du vers en renvoyant indéfiniment en lui du dire au dit.

Plutôt qu'à une construction hiérarchisée, nous avons donc affaire à un champ événementiel qui ne se laisse ni réduire ni unifier par une interprétation finale. Le sujet Malherbe n'est à proprement parler nulle part dans cet énoncé : ou plutôt il n'est que cette tension contradictoire qui se dénonce dans le vers entre forme linguistique et forme discursive, syntaxe et réalisation, mètre et rythme. Sans doute observe-t-on des résonances entre discordances. Une tension composite, suscitée par l'« objet » et la circonstance interlocutoire, insiste et se re-présente de niveau en niveau. D'où des effets de miroitement : chaque niveau peut apparaître le re-présentant ou le re-présenté d'un autre à l'intérieur du champ figural, selon la façon dont on s'y oriente. L'ellipse syntaxique peut passer pour le re-présenté de l'abrègement rythmique ou inversement pour le re-présentant de la défaillance expressive. Mais, à y regarder de plus près, on constate que la « même » tension se diffracte à chaque niveau en effets différenciés qui demeurent intraductibles les uns dans les autres. Il n'y a pas, par exemple, d'*équivalence* entre la chute de l'idéalisation dans une synecdoque pluralisante (« les roses » du second hémistiche) et l'accélération rythmique qui l'accompagne, mais une dispersion de la même énergie dans deux ordres formels distincts. Le champ figural est plutôt un champ d'individuation que d'unification. Une tension qui « répond » au monde et renvoie à lui se module différemment en chaque niveau d'organisation de l'énoncé.

Et ces niveaux nous apparaissent moins dans leur indépendance hiérarchisée de « niveaux linguistiques » qu'en des zones de frottements où ils se défont et se « déstratifient »[11]. Il semble qu'une forme hétérogène, de caractère non-linguistique, les froisse et les contraigne. Or ce non-linguistique, quel est-il ? Comment peut-il à la fois être hétérogène à la langue et intégrable au discours ? Quel fond de propriétés communes partage-t-il avec ce dernier pour pouvoir y apparaître ? Et où trouve-t-il néanmoins la ressource d'y former ces « plis » où la puissance de la langue se reforme ? Le mieux est peut-être de reprendre ce débat – débat trop vite écarté par la « grammaticalisation » linguistique et pragmatique du figural –, quitte à en déplacer quelque peu les termes.

LE FIGURAL ET LE « SENSIBLE »

Dira-t-on que ce qui dérange, surchauffe, et finalement bouleverse la forme linguistique, c'est l'irruption du « sensible » dans le jeu de rapports intelligibles institués par la langue ? Et tout le figural consisterait alors en une anabase de la « forme » des signifiants vers leur « substance » (dans les termes de Hjemslev). Délivrée des relations purement systématiques qu'elle soutient, la « substance » linguistique apparaîtrait telle qu'en elle-même, restituant à l'énoncé la densité

11. Selon l'expression de J.-Cl. Milner, *L'Amour de la langue*, Paris, Seuil, 1978, p. 19.

d'une chose du monde. Et en tant que chose, elle nous «parlerait» bien plus immédiatement que ne savaient le faire les signes : elle nous tiendrait le «langage» de la sensation, celui des couleurs, des formes et des parfums, qui parle au corps et sait d'emblée se faire comprendre de lui en le disposant à un certain accueil. La réconciliation des mots et des choses viendrait ainsi du dedans du discours, et l'on devine que le figural aurait alors pour fonction de prévenir leur divorce, en manifestant que les mots et les choses appartiennent à un seul monde[12].

La thèse ici est double. Elle pose d'abord qu'il est possible, du sein du discours, de remonter à un sensible vierge de toute valeur linguistique. Elle admet ensuite que ce sensible est appréhendé sur le mode d'un accord perceptif qui lui donne sa valeur réconciliatrice. Si les langues arbitraires et multiples ouvrent l'espace de la division et de la mésentente, le sensible restauré par-delà le linguistique exprime un «sens» aussi ancien que toute chair, un «sens» dépourvu de failles et de zones d'ombre parce que directement en prise sur les corps. Dans cette optique, le vers de Malherbe se relirait tout autrement. On montrerait comment la compréhension des signes abstraits y cède la place à un complexe d'impressions sensibles : ainsi la coupe enjambante ferait apparaître des valeurs de vitesse et d'intensité; le choix des voyelles accentuées contraindrait à

12. Cette thèse implicite, qui dans notre tradition se dessine dès le *Cratyle*, et au-delà de Mallarmé, a trouvé son explicitation la plus complète dans une poétique phénoménologique inspirée de Merleau-Ponty. Je pense par exemple aux travaux de Mikel Dufrenne (notamment *Le Poétique*, Paris, P.U.F., 1963) qui peut ici tenir lieu d'interlocuteur emblématique – plutôt qu'un poéticien comme Jean Cohen (*Structure du langage poétique*, Paris, Flammarion, 1966) qui ne présente de la même thèse qu'une version restreinte par ses présupposés sur l'«écart».

parcourir une gamme de timbres ; le chiasme phonétique approximatif «*ro*ses deh*ors*» introduirait dans l'énoncé la dimension de l'espace. Et le destinataire, au centre de cet écheveau de directions perceptives, répondrait «posturalement» à cette irruption sensorielle. La coupe enjambante, par exemple, le précipiterait dans l'accélération qu'elle implique. La mélodie successivement le soulèverait dans l'aigu et le relâcherait dans le grave. Le chiasme ouvrirait en lui une tension entre équilibre et inversion. Bref, il serait tout entier investi d'une pré-parole, «parole muette adressée par le sensible au corps qui le connaît»[13], parole d'emblée pleine et comprise sans qu'elle ait à être interprétée. Et l'on voit tout ce qu'il y a de séduisant et même de nécessaire dans une telle théorie, parce qu'on pressent qu'un énoncé ne se réduit pas à la représentation qu'il permet de construire, et qu'en somme une esthétique du discours fait cruellement défaut – ce même si on n'est pas disposé à admettre que l'adresse posturale soit déjà une «parole» (ce qui revient à introduire le «sens» là où il n'est pas encore pour pouvoir mieux l'y retrouver[14]). Cependant des objections se lèvent spontanément si l'on réduit le figural à l'irruption

13. M. Dufrenne, «Doutes sur la "libidinè"», *l'Arc* n° 64 «Lyotard» (1976).

14. Une grande partie du travail de Merleau-Ponty aura finalement consisté à reparcourir la polysémie du mot «sens», déjà relevée par Claudel dans son *Art poétique* (*Œuvres en prose*, Paris, Pléiade, Gallimard, 1957, p. 135) : «Le temps est le *sens* de la vie (*sens* : comme on dit le sens d'un cours d'eau, le sens d'une phrase, le sens d'une étoffe, le sens de l'odorat)». Or la question posée par ce parcours est peut-être d'ordre rhétorique : Merleau-Ponty y laisse-t-il entendre encore une tension métaphorique ou cette tension s'écrase-t-elle en équivoque ? Il n'est pas toujours facile de trancher. Mais on a souvent l'impression, dans les premiers ouvrages, que l'équivoque tient lieu de dernier chaînon argumentatif, au moment où, perception et signification ayant été rapprochées au plus près, on aurait besoin d'éprouver le saut irréductible qu'il faut néanmoins opérer pour passer de l'une à l'autre.

sensible immédiate, si l'on cantonne son événement aux qualités propres à la substance du signifiant. En effet, il faut bien faire un sort aux signifiés, qui ont manifestement un rôle dans le figural. Ainsi le vers de Malherbe ne serait rien sans les nuances significatives particulières (tropologiques on l'a vu) qui s'attachent à «baume» et «roses». Mais, sur le plan des signifiés, l'approche phénoménologique ne s'estime pas non plus prise au dépourvu. Elle en appelle d'abord à la psychologie pour établir que l'appréhension du mot s'accompagne d'un halo affectif et sensoriel où le corps se trouve tout entier sollicité[15]. Ainsi le mot «baume» mettrait mon corps en prise avec le fantôme d'une émanation parfumée et d'une onctuosité, le mot «roses» lui ferait anticiper l'accueil d'un velouté, d'une efflorescence, d'une coloration, typiques de la fleur elle-même. Et dans les cas de réussite expressive la qualité plastique du signifiant viendrait simplement corroborer cette charge affective par une «adéquation heureuse des timbres et du sens», signifiant et signifié se conforteraient dans une même direction évoca-

---

15. Se référant aux expériences de Werner, Merleau-Ponty écrit ainsi (*Phénoménologie de la perception*, Paris, Gallimard, 1945, p. 272) : «Si l'on présente un mot à un sujet pendant un temps trop court pour qu'il puisse le déchiffrer, le mot «chaud» par exemple, induit une sorte d'expérience de la chaleur qui fait autour de lui comme un halo significatif. Le mot "dur" suscite une sorte de rigidité du dos et du cou et c'est secondairement qu'il se projette dans le champ visuel ou auditif et qu'il prend sa figure de signe ou de vocable, etc.» L'hallucination, telle que la pratique Michaux dans *Misérable miracle*, corrobore ces constatations : un mot y est l'inducteur d'un vécu hallucinatoire fulgurant. Il ne s'agit donc pas de nier l'existence de réponses posturales suscitées par le mot. Mais peut-être de remarquer que ni l'une ni l'autre de ces expériences ne peuvent prétendre rendre compte de ce qui a lieu dans le *discours*, parce que toutes deux désyntaxisent le mot, la première en instituant en stimuli des mots isolés, la seconde par la destructuration que la drogue inflige à la temporalité et à la visée discursive.

toire[16]. Et le phénoménologue conclut qu'alors «la ressemblance n'est pas entre le mot et la chose mais entre ce que suscite en nous le mot et ce que susciterait la chose; elle n'est pas dans l'être, elle est en nous. Le mot est expressif lorsqu'il nous accorde à ce qu'il désigne, lorsqu'en sonnant il nous fait résonner comme nous résonnerions à l'objet, avant même de le connaître précisément selon un aspect déterminé[17].» Or n'est-ce pas précisément ce qui se passe avec les bilabiales sonores de «baume»? N'esquissent-t-elles pas quelque chose comme une caresse? L'étirement de la voyelle sous l'accent ne mime-t-il pas le déploiement olfactif? Et ne pourrait-on en dire autant du [o] de «roses» allongé par la constrictive finale? Aussi tentantes soient ces interprétations, elles gênent par la circularité en laquelle consiste leur formation à partir du représenté. Le défaut est connu, je n'y insiste pas.

Si j'objecte qu'en outre tout ceci ne rend pas compte du fait tropologique lui-même qui seul a fait la valeur particulière de «baume» et de «roses», la phénoménologie répondra que c'est au contraire cette recherche d'un accent consonant entre signifié et évoqué qui justifie l'impropriété lexicale relative : «haleine» ou «souffle» étaient encombrés d'associations perceptives triviales, et «clarté du teint» ne suscitait qu'une réponse imaginaire trop faible. À l'exactitude lexicale, la métaphore a préféré la précision sensorielle. Son impropriété même en contexte favorise le déploiement de ses valeurs connotatives. D'un défaut sémantique, on fait une qualité évocatoire.

16. M. Dufrenne, *Le Poétique*, p. 119.
17. *Ibid.*, p. 91.

Mais ici la thèse du sensible touche sa limite. D'abord parce qu'elle aura du mal à rendre compte *sensoriellement* de tropes « logiques » comme celui qui, par le jeu des articles, présente comme défini l'indéfini relatif de « baume » (mouvement où je vois une détermination essentielle du poétique). Ensuite, et cette objection dépasse largement l'exemple de Malherbe, par ce que, sous nos yeux, une poétique phénoménologique transforme l'énoncé en un abécédaire d'évocations. Elle reconnaît de l'« expressivité » au discours au moment où elle lui soustrait sa dimension discursive pour ne plus y considérer que des îles verbales problématiquement reliées. Significativement, elle pose que la poésie « privilégie le lexique au détriment de la syntaxe » et dans le poème elle va de mot en mot comme à autant de « hauts lieux du langage », « comme ces points privilégiés que dans le monde la magie discerne et joint mystérieusement[18] ». Mais elle ne dit rien de la façon dont ces points se relient et se composent dans le jeu de rapports que constitue un énoncé. Par là, elle demeure en deçà d'une phénoménologie du *discours*, telle que le dernier Merleau-Ponty l'ébauche dans *La Prose du monde*, en présentant par exemple la phrase comme une séquence de gestes différenciateurs, une « mélodie hérissée de changements de clés, de pointes et de chutes[19] ».

---

18. *Ibid.* p. 100. Ceci convient particulièrement peu à Malherbe. L'idée du caractère non syntaxique de la poésie (moderne) se trouve aussi chez Barthes (« Y a-t-il une écriture poétique ? », *Degré zéro de l'écriture*, Paris, Gonthier, 1964). Mais il s'agit de s'entendre. Il est peut-être vrai que la syntaxe tend vers moins d'*explicitations* en poésie moderne. Pour autant le mot n'y est pas forcément privilégié, on pourrait même dire au contraire que le discours y retrouve sa plus grande puissance de « syntaxation » en ce sens que les relations n'y sont plus tracées et commentées par des marques syntaxiques mais qu'elles se produisent dans le champ même de l'énoncé.

19. *La Prose du monde*, Paris, Gallimard, 1969, p. 43. E. Benveniste élabore une conception du discours très proche lorsqu'il oppose dans

En effet, dans la réalité de la lecture, il n'y a jamais ce tête à tête avec des vocables solitaires, égrenés comme pour autant de stations imaginaires et sensorielles. Seule la procédure expérimentale (ou l'analyse après-coup qui s'appuie déjà sur une compréhension globale) isole « baume » ou « roses » pour en dégager le halo affectif. Mais la figuralité d'un énoncé ne se compose pas d'unités additionnées. Lorsque je lis le vers de Malherbe, j'en saisis d'emblée la configuration d'ensemble comme une « torsion » entre ses deux parties, sans pouvoir cependant en décrire toute l'extension. Au fur et à mesure que j'approfondis ma lecture, je vois cette forme diffracter de rythme en syntaxe et de phonétique en sémantique. Elle se détaille de strate en strate, se spécifie, se thématise (par exemple ici comme une « antithèse faussée »), s'enrichit de relations annexes, sans jamais excéder sa physionomie première, mais en lui donnant toujours plus de sens – c'est-à-dire en y proposant l'unification de rapports toujours plus complexes. Le figural offre ainsi une direction infinie à l'analyse, sans se résumer à une somme d'effets. Et ce n'est que mon impatience propre ou la grossièreté de mes instruments rhétoriques qui m'arrêtent dans son élucidation.

Si donc le figural n'est pas réductible au « sensible », compris comme une irruption sensorielle brute venant se substituer à des rapports intelligibles, c'est bien « esthétiquement » qu'il est appréhendé, c'est-à-dire à travers un jeu de tensions intérieures qui

---

« Sémiologie de la langue » (*Problèmes de linguistique générale* II, Paris, Gallimard, 1974) le « sémantique » au « sémiotique » : « Or le message ne se réduit pas à une succession d'unités à identifier séparément; ce n'est pas une addition de signes qui produit le sens, c'est au contraire le sens (l'« intenté »), conçu globalement qui se réalise et se divise en « signes » particuliers, qui sont les MOTS. » (p. 62)

répondent à des différences formelles ou s'élaborent à partir d'elles. Et le point important est que cette configuration esthétique globale (dans le cas donc du vers de Malherbe, une « torsion » de l'antithèse qui en dénivelle les termes) contient en puissance tout le développement de relations *linguistiques et non-linguistiques* en lequel se réalise l'énoncé. Lorsqu'en effet j'analyse dans l'énoncé les vecteurs de cette intuition esthétique, je constate qu'elle procède aussi bien de formes linguistiques que de « figures ». Les unes et les autres monnayent un même geste figural que je dois postuler à l'origine de l'énoncé et qui est aussi ce par quoi j'aborde sa réception. Cependant cette « torsion » première a dû nécessairement être plus riche d'applications formelles que ce que la langue admet comme relevant de ses ressources propres. Seul cet excès explique que sa réalisation ait troublé l'univocité des formes linguistiques. Les relations proprement syntaxiques, telle par exemple l'opposition simplement « coordonnée » des deux propositions ou la spécification purement locale de « baume » par « bouche », demeurent en effet en deçà des rapports qui s'esquissent *effectivement* dans l'espace du discours (dissymétrie des éléments coordonnés, adéquation de « baume » à « bouche »). Elles sont en retrait sur la précision du geste d'ensemble, et ébranlées par lui. D'où l'impression du « bougé » figural.

Dans le figural, il y a donc bien du « sensible », mais il ne se présente ni à l'état sauvage, ni comme un lexique de sensations. Ce sensible a toujours partie liée avec la configuration globale du discours, comprise comme un système d'écarts et de différences, et il est toujours déjà arraché à sa plasticité brute et engagé dans une forme linguistique virtuelle. C'est précisément cet engagement qui lui permet de rivaliser avec la forme linguistique reçue et d'*apparaître*, par-dessus elle, comme un avenir du discours.

Ainsi la bilabialité de «baume» et «bouche» n'a pas imposé d'emblée l'image articulatoire d'une caresse auto-érotique, il a d'abord fallu qu'elle se dégage de la rumeur phonétique du vers non seulement par sa répétition en position accentuée, mais par le jeu de rapports complexes qui l'opposent aux vibrantes de «roses» et «dehors». C'est à travers l'opposition des occlusives [b] et des vibrantes [R] que je l'ai appréhendée et qu'elle a pris sens. Et tout s'est passé comme si cette opposition avait un avenir dans la langue – comme si des faisceaux de traits distinctifs pouvaient jouer de leurs différences pour esquisser directement des oppositions sémantiques du type intériorité close / extériorité ouverte, sautant de deuxième en première articulation. Il y a là une transgression de la loi linguistique mais non une négation de toute langue : une sémantisation – fût-elle arbitraire – des phonèmes pris isolément *pourrait* constituer un principe virtuel de formation linguistique. Cette «hypothèse» linguistique, le figural l'a esquissée à l'occasion d'un événement expressif particulier, dans l'urgence d'un dire qui ne pouvait se satisfaire des moyens de figuration mis à sa disposition par la langue.

Plus généralement, dans le vers de Malherbe, il s'est agi de donner forme à une tension originaire entre deux versants du dire dissymétriquement opposés. En réalisant cette tension par toutes les ressources de différenciation du discours, le figural l'a étendue à toutes les régions de l'énoncé. Il n'a pas dénaturé le style des relations linguistiques qui l'explicitaient tant bien que mal, au contraire il est remonté au même *fonds* de différences sensibles qui a servi à forger les formes de la langue et il a puisé dans les mêmes matériaux pour y inventer de nouvelles solutions expressives, transversales aux niveaux linguistiques.

Cependant ce serait une erreur de croire qu'une telle « réforme », soudainement improvisée au cœur de l'ordre ancien des relations discursives, puisse se produire sans heurts. Et là encore la thèse du figural comme irruption sensible paraît en défaut. Non parce qu'elle fait l'hypothèse d'une « réponse posturale » à l'expressivité du discours. Il n'y aurait aucune possibilité d'appropriation de la parole, et donc d'accès au sens, s'il n'y avait dans la forme des énoncés une puissance d'adduction pré-représentative qui permette d'en reconstituer en soi la visée (car un énoncé n'est pas seulement compris, il est aussi saisi dans son mouvement énonciatif, prolongeable dans sa visée désignatrice). Mais cela n'entraîne pas que la sensibilité corporelle se trouve d'emblée *accordée* aux événements figuraux qu'elle rencontre. Une certaine phénoménologie, dérivée de Merleau-Ponty, fait du corps une chair perpétuellement savante et consonante avec le sensible, elle l'institue en arche d'alliance entre le monde et le moi par-delà toute rupture symbolique. Or, quoi qu'il en soit, le figural, nous l'avons vu, ne libère pas un *sensible* captif de la forme linguistique, et qui viendrait suturer la défaillance du discours. Il organise un passage d'une articulation – linguistique – à une autre – figurale – à partir d'une *différence* sensible : soit par exemple l'enchaînement disjonctif de l'hémistiche régulier et de son abrègement. Il rouvre donc les écarts de la langue plutôt qu'il ne leur substitue une plénitude mondaine.

En tant que tel, il fait d'abord rupture en introduisant de l'équivoque dans le discours, en y interdisant la reconnaissance de ses articulations familières. Un moment la forme discursive paraît dressée contre elle-même et l'énoncé parcouru de «plis» inintelligibles. Par là, le figural ouvre un espace de méconnaissance et de conjecture. Car la forme qu'il avance est d'une consistance énigmatique et irréductible, sa disposition est certaine, mais son sens est au-devant d'elle. Elle se produit ainsi dans la syncope entre un accompli et un à venir, syncope où se défait toute possibilité d'accord pré-établi avec elle. Elle indique une direction que nous ne sommes pas sûrs de pouvoir rejoindre, moins encore de parcourir jusqu'à son terme. Il y a toujours un risque que le figural reste hors-sens comme les trois arbres qu'aperçoit le narrateur de la *Recherche* sur la route d'Hudimesnil : ils lui font signe sans rien révéler d'eux-mêmes, à la fois familiers et incompris. Et c'est peut-être cette consistance figurale que l'on confond trop hâtivement dans le discours avec le sensible. Parce qu'effectivement alors le fond de plasticité remobilisé par le figural érode la netteté des articulations linguistiques : il semble que la face des signes s'inverse, que leur substance ordinairement volatilisée dans les écarts qu'elle soutient retrouve sa matérialité et leste l'énoncé d'un poids nouveau de réalité…

Mais lorsqu'on s'abandonne à ce type de rêverie substantielle, lorsqu'on se perd ainsi en évocations sensibles, on trahit la logique du discours au profit de celle du signe, on abandonne l'espace que le figural y déployait en lui préférant une étroite perspective imaginaire. Effectivement le figural consiste en un dispositif dont aucun élément ne doit être abstrait et traité pour lui-même. Il ouvre *un champ différentiel* plus vaste que celui où la langue s'inscrit et comme antérieur à lui. Cette ouverture de champ évoque bien davantage l'idée d'une spatialité nouvelle que celle d'une transmutation matérielle. En sorte que la question de l'«hétérogène» dans le figural se déplace. Il ne s'agit plus d'identifier quelle «substance» brute vient froisser la forme linguistique, mais quelle sorte d'«espace» – si un terme aussi métaphorique est tenable – parvient dans le figural à co-exister avec le linguistique et à en élargir les coordonnées.

ESPACE ET FIGURALITÉ

Si j'essaie de ressaisir au plus près comment la métaphore spatiale s'impose à la description du processus figural, je constate qu'elle naît d'une expérience elle-même métaphorisée comme «ouverture» du discours. Effectivement, par le figural, je suis arraché à l'illusion commune qui me fait appréhender le discours comme le défilement d'une bande-sens au revers d'un ruban acoustique ou typographique. La linéarité de l'énoncé ne s'abolit plus dans une successivité de représentations. L'énoncé se convertit en *plan de figuralité*. Des «parcours» y deviennent possibles, des rétroversions, des rapports à distance. Et ce plan, produit par une mobilité de rapports internes, contraint de plus à des prolongements au-delà de lui-même. Il appelle son complément dans un jeu de variantes, ou d'inférences, dans un ensemble de rapports d'extériorité. Ainsi, à la croisée de ces deux développements, se lève l'idée d'une tri-dimensionnalité ou d'un « volume » de la parole. Cet espace abstrait n'a donc qu'accidentellement à voir avec celui, très concret lui, que déploie la matérialité de l'énoncé (un texte écrit se déploie sur une surface, me situe en surplomb et en vis-à-vis de ses signes, m'autorise certains déplacements latéraux mais m'interdit un éloignement excessif; une parole orale m'oriente à portée de souffle et dans une direction qui est celle de l'émission, elle définit une aire de réceptivité). Il se peut que l'espace réel objective et réactive le plan de figuralité, dans certains jeux typographiques par exemple, mais l'espace figural ne lui est pas essentiellement lié. Il ne fait qu'y trouver une dimension de sa réalisation. En revanche, l'espace figural semble partager bien des propriétés avec celui qu'on peut construire à partir du « système » linguistique tel que Saussure le décrit. Faut-il donc comprendre le figural comme une projection dans la chaîne de la parole du jeu relationnel propre à la langue ? Cette hypothèse, que développe un article déjà ancien de G. Genette[20], demande à être examinée de plus près.

Selon G. Genette, la spatialité concerne la littérature à plusieurs titres. D'abord parce que la littérature, faite de langage, emprunte au langage sa « spatialité » propre. Effectivement, conformément à la vision saussurienne, le « langage » – disons plutôt la langue – peut se représenter comme un système où chaque terme est défini par « la place qu'il occupe dans leur tableau d'ensemble et par les rapports horizontaux et verticaux qu'il entretient avec les éléments parents et voisins » (p. 45). À partir de ces divers axes

20. « La littérature et l'espace », *Figures II*, Paris, Seuil, 1969, p. 43-48.

relationnels, on engendre aisément la métaphore d'un espace à trois dimensions. La langue sera ainsi décrite comme une surface plane, et tabulaire, s'il s'agit de rendre compte des rapports simultanés qui confèrent leur valeur relative à chacun de ses termes ; et on croisera orthogonalement ce plan « horizontal » avec des plans « verticaux » pour figurer les rapports associatifs de chaque terme à des « parents » (des paradigmes de synonymes) ou des « voisins » (des mots dérivés d'une même racine). Bien entendu l'« espace » ainsi engendré n'a aucun rapport ni avec l'espace géométrique, ni avec aucun espace empirique vécu. Il est déduit de façon purement logique de la mobilité de relation qui préside au choix d'un terme dans les différents moments de la parole[21].

Arrêtons-nous un instant à la thèse selon laquelle la littérature, fait de *parole*, serait à quelque titre marquée par une spatialité de type *linguistique*. *A priori*, il n'y a dans ce passage rien d'évident :

---

21. G. Genette invente ici un espace tri-dimensionnel original qui n'est pas envisagé en tant que tel par Saussure. Effectivement, dans le *C.L.G.*, tantôt Saussure considère le système de la langue qu'il décrit volontiers à travers des métaphores de la surface plane : tableau quadrillé du jeu d'échecs (Introd., ch. V) ou feuille de papier (II, ch. IV) ; tantôt il traite de la parole en acte, où il distingue les rapports syntagmatiques qui ont pour support l'étendue et les rapports associatifs qui sont non-spatiaux : « À ce double point de vue, une unité linguistique est comparable à une partie déterminée d'un édifice, une colonne par exemple ; celle-ci se trouve, d'une part, dans un certain rapport avec l'architrave qu'elle supporte ; cet agencement de deux unités également présentes dans l'espace fait penser au rapport syntagmatique ; d'autre part, si cette colonne est d'ordre dorique, elle évoque la comparaison mentale avec d'autres ordres (ionique, corinthien, etc.), qui sont des éléments non présents dans l'espace : le rapport est associatif. » (II, ch. V) L'« associatif » (le paradigmatique) ne donne pas lieu chez Saussure à métaphorisation spatiale parce que les relations d'ordre et de délimitation y restent largement indéfinies : c'est plutôt une nébuleuse mentale… Qu'on parte de la « surface » de la langue ou du « ruban » du discours, on n'accède jamais à une existence « volumineuse » du langage dans le *C.L.G.*

comment l'espace linguistique *présupposé* par le discours pourrait-il s'y produire en tant que tel? L'« espace » a-temporel des relations virtuelles peut-il jamais rejoindre le développement successif des signes dans un espace réel? Curieusement, c'est la spatialité *linguistique* que G. Genette trouve « manifestée, mise en évidence et d'ailleurs accentuée dans l'œuvre littéraire par l'emploi du texte écrit » (*ibid.*). Par là, il semble assimiler deux espaces apparemment bien distincts : celui que me découvrirait un point de vue surplombant par lequel j'embrasserais tout ou partie des oppositions linguistiques, et celui, d'espèce discursive, que concrétise visiblement l'usage de l'écriture. L'un est abstrait et inorienté, c'est une fiction théorique pure, abstraite de toute locution réelle; l'autre est celui que déploie la réalisation syntaxique et matérielle de l'énoncé. G. Genette confondrait-il espace de la langue et espace du discours, prendrait-il le second pour la projection du premier? Non, il suggère quelque chose de plus complexe : l'écriture – comprise à la fois aux sens typographique et stylistique du terme – déploie et révèle dans le discours un type de spatialité dont l'espace linguistique saussurien nous donne l'équivalent. Ou encore : l'écriture telle que depuis Mallarmé nous avons appris à en reconnaître la ressource nous rend attentifs à « la disposition atemporelle et réversible de signes, des mots, des phrases, du discours dans la simultanéité de ce qu'on nomme un texte » (*ibid.*). Et cette disposition – qu'on pense ici à la « partition » que constitue le *Coup de dés* ou à la composition « télescopique » de la *Recherche* – évoque irrésistiblement le tabulaire linguistique, sa qualité multi-directionnelle, la liberté de parcours qu'il autorise.

La langue saussurienne sert ici de modèle pour penser le jeu – figural – des relations *in praesentia*. Le discours y est conçu, au-delà de toute syntaxe, comme un espace plan, inorienté et homogène, où toutes les unités-signes peuvent être mises en rapport à partir de leur communauté de nature. Et il est vrai que l'animation du champ discursif ouverte par le figural peut-être comparée à la relativité généralisée des termes que suppose la vision saussurienne de la langue comme système. Mais l'analogie s'arrête au caractère global de la mise en relation dans les deux cas. Car autant les oppositions sont neutres en langue – puisque abstraites de toute réalisation – autant les différences sont orientées dans le figural. Ainsi dans le vers de Malherbe une forme rythmique (l'« abrègement » du second hémistiche) ne s'oppose pas simplement à une autre (la syllabation pleine du premier), même si l'on peut tirer de leur différence l'esquisse d'une opposition linguistique ; elles sont aussi marquées d'emphases distinctes, et comme « dénivelées » l'une par rapport à l'autre. La lecture pourra bien suivre le trajet qu'elle voudra, elle ne changera rien à cette orientation. L'« espace » linguistique, lui, est inorienté parce qu'abstrait par définition de toute locution réelle. Et pour la même raison les termes qui s'y relient sont absolument homogènes, là où l'espace discursif confronte au contraire des formes hétérogènes nées de la « réalisation » de la langue en parole : rythmes, sonorités, unités linguistiques, formes spatiales, etc. Le modèle de l'espace linguistique saussurien tend ainsi à réduire la figuralité *in praesentia* à une simultanéité a-temporelle. Il lui soustrait toute la dimension de la « réalisation ».

Mais il y a pour G. Genette une seconde façon de concevoir les rapports entre espace linguistique et littérature. Cette fois, il s'inspire de la dimension associative du discours selon Saussure, pour rendre compte des «figures» – particulièrement des tropes – de la rhétorique traditionnelle. En effet «... l'expression n'est pas toujours univoque, elle ne cesse au contraire de se dédoubler, c'est-à-dire qu'un mot, par exemple, peut comporter à la fois deux significations, dont la rhétorique disait l'une littérale et l'autre figurée, l'espace sémantique qui se creuse entre le signifié apparent et le signifié réel abolissant du même coup la linéarité du discours. C'est précisément cet espace, et rien d'autre, que l'on appelle, d'un mot, dont l'ambiguïté même est heureuse, une *figure* : la figure, c'est à la fois la forme que prend l'espace et celle que se donne le langage, et c'est le symbole même de la spatialité du langage littéraire dans son rapport au sens.» (p. 47). Le trope implique donc une opération de commutation. Il en réintroduit la «verticalité» dans la linéarité du discours. L'«espace» est ici un rapport entre deux signes, celui qui est effectivement présent, et celui qui lui est substituable. La figure est la «forme» de ce rapport, et l'on voit que cette forme recouvre exactement l'écart entre deux éléments au sein d'un paradigme linguistique. Par là encore le discours s'ouvre à une spatialité de type linguistique. Ce qui est vrai du trope l'est tout autant des autres figures puisqu'il sera toujours loisible de confronter un segment quelconque de l'énoncé à un substitut paradigmatique virtuel.

Il y a là une conception topographique du discours proche de celle des classiques bien que reformulée à travers des métaphores saussuriennes.

Certes, G. Genette tient à garder ses distances vis-à-vis d'eux en manifestant qu'il n'est pas dupe du statut de l'écart : ce sont les classiques et eux seuls qui, dans l'expression dédoublée, identifient un littéral et un figuré ; lui n'ignore pas que tout discours a sa forme et que le littéral n'est lui-même qu'un « autre » signifiant vis-à-vis d'un premier qu'on aura pris comme point de référence. Il se contente donc de relever ce dédoublement sans plus distribuer de valeurs (normative ou transgressive) à chacun de ses bords, mais en suivant les contours qui se dessinent ainsi de lieu en lieu dans les discours, et virtuellement partout. Cependant, l'espace discursif ainsi défini est demeuré, lui, strictement classique. C'est toujours celui de la *Dioptrique* cartésienne : parfaitement circonscrit, doté d'une égale transparence, d'une égale netteté dans les fonds et dans les premiers plans, totalement maîtrisable parce qu'absolument abstrait, il est le milieu vide où des mobiles tracent des lignes immatérielles et certaines.

Or il n'est pas certain que cet espace-là fournisse une métaphore adéquate de la relation figurale. Il a été convoqué pour rendre compte de la « distance » entre deux expressions discursives considérées comme substituables. Et la thèse implicite de l'évidence de cette substituabilité a fait oublier qu'une seule de ces expressions était réellement présente dans le discours, l'autre restant purement évoquée, aléatoirement situable et d'ailleurs peut-être pas unique. Car l'expression n'est pas seulement susceptible de dédoublement – ce dédoublement qui fournit si opportunément de quoi délimiter une surface –, tout autant elle pourrait se détripler, se déquadrupler… Il n'y a que dans l'esprit du classique que la figure est immédiatement traductible en son propre, dans une quasi-co-présence, constituant ainsi une «forme» de rapport dont on pourrait presque «faire le tour». Mais dès qu'on reconnaît aux figures le pouvoir d'ouvrir un champ d'évocation et non plus seulement la circonscription de deux termes, il faut changer de métaphore – ou d'espace. Il faut envisager un milieu hétérogène et sans bords qui comprend sans doute des lignes de substitution nettes mais *aussi* des zones floues, des halos, des points d'opacité et d'indétermination, voire des trous…

Si je m'en rapporte aux tropes du «beau vers» de Malherbe – peu soupçonnables d'être exagérément transgressifs –, je vois bien que la spatialité qu'ils ont ouverte est malaisément délimitable. Pour commencer, j'ai longuement douté de leur caractère tropologique, et si «espace» il y a eu, il a donc dû osciller au rythme de ces hésitations. Lorsque j'ai finalement admis entre «baume» et «haleine» un certain rapport de substitution, j'ai abrégé par commodité un processus inférentiel complexe. Car, si «haleine» constitue bien un *sous-entendu*[22] de l'énoncé, en aucun cas on ne peut y voir le sens véritable de «baume». L'impossibilité de substituer ces termes l'un à l'autre le démontre aisément. La formulation «l'haleine est dans la bouche» ne constituerait pas seulement un énoncé trivial, elle dénaturerait gravement le sens de l'énoncé, puisque s'effondrerait du même coup le paradoxe de cette clôture au dedans de ce qui est

22. Dans «Rudiments de rhétorique cognitive», *Poétique* 23 (1975), Dan Sperber rend bien compte de l'impossibilité de traiter les tropes comme de *simples* substitutions. Il distingue plusieurs étapes dans le processus interprétatif que déclenche le trope. Je les rappelle ici sommairement. 1°/ «Lorsque l'énoncé d'une phrase complète n'a aucune interprétation sémantique acceptable, l'énoncé lui-même est considéré comme incomplet, lacunaire, et, le plus souvent il est modalisé.» (p. 411)

réputé émaner au dehors («le baume»). Et même une périphrase du type «l'haleine parfumée et onctueuse» ne restaurerait pas cette valeur paradoxale. Plutôt qu'un dédoublement de terme, il faut voir dans le trope le point de départ d'une déduction ouvrant elle-même un champ d'évocation indéfini : je peux construire le rapport de «baume» à «haleine» sous un nombre non limité d'aspects. Si l'on tient à la «spatialité» du tropologique, on dira donc qu'elle est plutôt profonde que plane («baume», terme présent *modalisé* entre en effet dans un certain rapport perspectif avec «haleine», terme absent *sous-entendu*) ; plutôt floue que nette (le terme sous-entendu est aléatoire, ce pourrait être aussi bien «souffle» par exemple) ; plutôt extensible que constante (selon le balayage d'évocations auquel je me livre pour dégager le thème de comparaison entre les deux termes). L'espace y perd homogénéité, transparence et contours.

(Ce type de *lacune* repérable à partir d'une anomalie sémantique se distingue des *ellipses* que révèle l'analyse syntaxique de la phrase.) 2°/ «La modalisation affaiblit la portée conceptuelle de l'énoncé. Mais il peut arriver que l'énoncé suggère en même temps une proposition qui en reprenne tous les termes mais pas les fonctions, qui donc ne peut recevoir d'interprétation complétée et qui devient un sous-entendu.» (*ibid.*) (Les *sous-entendus* sont des propositions déduites de la conjonction de l'énoncé et du savoir partagé, propositions qui, jointes à la représentation conceptuelle de l'énoncé, rétablissent les conditions normales du discours.) 3°/ «Dans la métaphore, seul le deuxième terme de comparaison (monde de l'imaginaire) est explicite, le premier terme et le thème sont tacites. Or les sous-entendus ne font qu'expliciter le premier terme de comparaison : l'aspect particulier du monde réel auquel le monde imaginaire doit être comparé. En revanche, les sous-entendus ne disent pas en quoi ces deux mondes sont comparables, et le thème faute d'être énoncé ou convocable reste encore à évoquer.» (p. 412) Dans les termes de Sperber, «haleine» serait donc seulement le *sous-entendu* de «baume» et leur thème de comparaison («parfum», «onctuosité», «érotisme») resterait à évoquer. Si la rhétorique traditionnelle traite le terme tropologique comme substitut du littéral, c'est que lorsque le champ d'évocation ouvert par le figuré est clairement défini et commenté, ces représentations «évoquées» s'intègrent au sens du mot et finissent par rendre possible une simple substitution. C'est d'ailleurs ainsi que finit tout processus figural, comme je le suggérais plus haut.

Il semble de nature plus phénoménologique que géométrique.

Telle est bien l'intuition à laquelle répond l'hypothèse récente de Michel Collot sur « l'espace du sens »[23]. Pour décrire cet « espace », M. Collot s'inspire de la « structure d'horizon » husserlienne. Il rappelle que, perspectivement, « le "donné" sensible ne prend sens qu'à s'inscrire dans un *horizon*, c'est-à-dire dans un réseau de relations non thématisées avec ses divers aspects possibles et avec son environnement » (p. 101). Cet « horizon » est « interne », en ce que la chose renvoie à tous les points de vue virtuels qu'on peut avoir sur elle ; mais il est aussi « externe » en ce que la chose renvoie toujours à d'autres choses qui la situent relativement dans l'espace. Il y aurait homologie entre cette « structure d'horizon » à l'intérieur du champ perceptif et le jeu de rapports syntagmatiques et paradigmatiques présidant à la constitution du sens de l'énoncé. Pour fonder cette homologie, M. Collot recourt à la sémiotique. Au plan syntagmatique, l'ensemble des « sèmes contextuels », qui viennent se combiner au « noyau sémique » propre à chaque lexème, jouerait le rôle d'horizon interne de la signification. Le discours poétique, étendant la « dépendance contextuelle du mot » au tout de l'œuvre, en ferait la résultante d'un vaste ensemble de connotations (Et, à la limite, ce « sens plus pur donné aux "mots de la tribu" n'a plus rien à voir avec le noyau sémique recensé par le dictionnaire… » p. 107). Il donnerait ainsi sa pleine puissance de variation à

23. Cf. *La poésie moderne et la structure d'horizon*, Paris, P.U.F., 1989. M. Collot en a présenté l'essentiel dans « L'espace des figures » (*Littérature* 65, février 1987) et « Du sens de l'espace à l'espace du sens » (in *Espace et poésie*, P.E.N.S., Paris, 1987). Les références de page sont à ce dernier article.

l'« horizon » interne du discours. Au-delà même, on pourrait encore élargir le contexte à la situation énonciative, l'implicite discursif donnant « l'équivalent linguistique de l'apprésentation perceptive » (c'est-à-dire de ce qui est donné à la perception « en horizon »). Au plan paradigmatique, on trouverait l'analogue d'un « horizon externe ». En effet : « la valeur signifiante d'une unité linguistique manifestée se définit par rapport à une série d'autres unités non manifestées qui auraient pu être employées à sa place au même point de l'énoncé et qui ont été exclues, mais restent d'une certaine manière présentes à l'arrière-plan. » (p. 104) C'est donc un ensemble de séries associatives divergentes qui rayonnent à partir de chaque unité, formant un réseau de connotations à la limite aussi vaste que la langue.

L'hypothèse de M. Collot est intéressante, mais son illustration par la sémiotique tend à en réduire la portée. Effectivement, on se souvient que ce qui nous a écartés de la métaphore spatiale proposée par G. Genette, c'est son caractère abstrait et géométrique, mal approprié pour décrire l'hétérogénéité des relations qui se déploient dans le figural. La « structure d'horizon » semble pouvoir bien mieux jouer ce rôle. Encore faut-il en souligner la différentialité constitutive. Sans doute le caractère perspectif, la variabilité des points de vue, le jeu de prolongement des virtualités de l'objet sont-ils des traits remarquables du champ perceptif. Mais ils ne sont rendus possibles que par la différence interne qui le clive en figure et fond, premier-plan et arrière-plan. Or on ne peut admettre à ce sujet les propositions de Jean Cohen[24],

24. *Le Haut Langage* (Paris, Flammarion, 1979), cité par M. Collot, *ibid.*, p. 105.

sur lesquelles semble s'appuyer, entre autres, M. Collot : «… figure et fond s'opposent comme deux termes opposés au sein d'un même paradigme. Chacun n'est que ce que l'autre n'est pas et tous deux se constituent ensemble comme deux entités relatives et oppositives… » Bien loin de constituer un paradigme d'oppositions, figure et fond se différencient irréductiblement. On ne pourra opposer qu'une figure à une autre, ou un fond à un autre. Mais entre eux aucune équivalence n'est pensable, ils sont précisément situés par la perception sur deux plans hétérogènes (quoique relatifs) et qui ne sauraient se rejoindre. Et c'est précisément cette discontinuité interne qui rend «habitable» le champ perceptif et l'ouvre à tous ses autres caractères. La compréhension de ce champ comme «paradigme» néglige donc sa différentialité. Or le recours à la sémiotique pour illustrer la spatialité du discours procède à une réduction du même genre. M. Collot nous propose de considérer identiquement comme «horizon» interne du discours des «sèmes contextuels» effectivement manifestés dans l'énoncé et des connotations procédant du contexte de l'œuvre. Et de même il accorde une identique valeur d'horizon aux relations de sens contextuelles *in praesentia* et aux relations associatives *in absentia*. Ainsi est postulée une continuité entre processus sémiotiques dénotatifs et connotatifs. Conformément à l'esprit de la sémiotique, on pose que les connotations sont homogènes aux dénotations parce que, comme elles, virtuellement analysables en unités sémiques. Or ce qui se perd dans cette homologation, c'est précisément la figuralité, c'est-à-dire ce clivage mouvant de l'énoncé en représentations sémantiques immédiates et représentations prospectives, assurant sa «profondeur». Les unes et les autres n'ont cependant ni les mêmes propriétés phénoménologiques, ni le même statut logique, ni la même valeur interlocutoire. Par ailleurs, réserver la spatialité du sens à la polysémie (par excellence celle du « discours poétique »), c'est encore la situer aux marges du discours. Or, si spatialité il y a, il faut qu'elle soit de *tout* le discours et non pas seulement de certains de ses usages. Il faut reconnaître son foyer en-deçà du sémiotique, dans la forme élémentaire de la dis-cursivité, et par conséquent distinguer des niveaux de figuralité, une « spatialité » complexe qui se déploie du cœur même du discours à travers un ensemble de lignes de rupture.

DE L'ESPACE AU CHAMP TENSIONNEL

Reconsidérons maintenant les diverses théories envisagées quant à la nature de la forme engageant le processus figural. Nous avons d'abord suivi les philosophes qui nous la présentaient comme une irruption du « sensible » dans le discours. Mais nous avons vu qu'une telle conception arrache le signe à sa valeur linguistique, abstrait la figure de toute discursivité et engage le « sensible » dans une représentativité naturelle problématique. Puis nous avons abordé successivement deux thèses posant la figure comme l'émergence d'une « spatialité » du discours. Chez Genette, l'« espace » procède d'un redoublement des opérations linguistiques de sélection et de combinaison au sein du discursif. Mais l'« espace » ainsi produit demeure abstrait, inorienté, profondément anti-discursif. Chez M. Collot, l'« espace » qui sert de comparant à la figuralité est bien, lui, de nature phénoménologique, mais on n'en retrouve pas les propriétés essentielles dans la description du discours. Et par ailleurs cet « espace » est cantonné à la polysémie. La « structure d'horizon » n'en garde pas moins une valeur analogique féconde. Elle nous achemine bien au plus près de la forme du figural. Cependant, paradoxalement, c'est peut-être elle qui peut le mieux nous émanciper de toute métaphoricité « spatiale ». Car, sa valeur descriptive réside moins dans la spaciosité en laquelle elle peut s'illustrer qu'en la différentialité qui la fonde. L'essentiel de la « structure d'horizon » ne tient-il pas en effet à une différence interne qui distend le même tout en reliant les aspects, dans quelque ordre perceptif ou transcendantal que ce soit ? Ne peut-on l'imaginer aussi bien à l'œuvre dans la perception acoustique ou dans l'intuition de la temporalité ? Essayons donc de saisir la forme de la figuralité en-deçà même de toute plasticité définie dans une région sensible. Concevons-la, par exemple, comme un « champ tensionnel ». Posons ceci que *le figural ne procède pas de formes hétérogènes au discours (telles que le « sensible » ou l'« espace ») mais que, bien plutôt, en lui c'est le fond différentiel qui remonte et vient froisser les relations proprement linguistiques de l'énoncé.*

1. Le fond différentiel

Comment toutefois décrire ce fond différentiel sans le dénaturer, puisqu'il est précisément réduit par son passage à la représentation linguistique ? En-deçà même, comment penser ce « fond », qui n'a rien d'un « plan » venant doubler « en arrière » le plan de la représentation linguistique, mais qui est lui-même différence en acte ? Et qu'est-ce qu'une différence dans l'ordre discursif ? De la différence en général, Deleuze dit : «… au lieu d'une chose qui se distingue d'autre chose, imaginons quelque chose qui se distingue – et pourtant *ce dont* il se distingue ne se distingue pas de lui[25].» Et d'évoquer l'éclair qui se distingue du ciel noir «mais doit le traîner avec lui» – ou le fond qui monte à la surface «sans cesser d'être le fond». La différence est distension mais non séparation. Elle est cette force négative qui écarte sans rompre, en sorte qu'elle ne peut être parcourue que comme une continuité cruelle et irréversible. Distension, écartement, elle est à l'origine de tout espace sans être elle-même spatiale, car, dans l'extension, elle se perd. Et, de même, elle est à l'origine de toute opposition sans être elle-même oppositionnelle. «Pour que des oppositions de forces ou des limitations de formes se dessinent», dit encore Deleuze, «il faut d'abord un élément réel plus profond qui se définit et se détermine comme une multiplicité informelle et potentielle. Les oppositions sont grossièrement taillées dans un milieu fin de perspectives chevauchantes, de distances, de divergences et de disparités communicantes, de potentiels et d'intensités hétérogènes…» (p. 71).

Or c'est décrire assez exactement le champ événementiel que constitue une «circonstance» de discours. Au motif de la parole, il y a une composition de forces disparates et qu'on ne saurait hiérarchiser ou chronologiser : la prégnance d'un état du monde vient recroiser un désir qui est autant désir de forme que de représentation, un sujet d'énonciation se découvre écartement de soi-même (cet écartement, c'est son lieu !) dans l'effort pour attirer un autre dans sa sphère représentative. Il faut prendre au sérieux la «circonstance», l'écheveau de lieux, de forces et d'impulsions

25. *Différence et répétition*, Paris, P.U.F., 1968, p. 43.

qu'elle constitue, et dont le discours procède sans jamais pouvoir l'articuler sans reste. La «parole de circonstance» ne fait rien d'autre qu'en mesurer un instant la pluralité hétérogène (dignité du propos, élévation des destinataires, force de surgissement de l'événement, désir de la forme, volonté de persuasion) et la résoudre en une figure réfractante qui insistera tout au long du discours sans jamais se réduire à ses représentations. Lorsque Ponge évoque une «érotique» malherbienne, c'est bien à ce jeu de forces qu'il fait allusion. La parole de Malherbe met en scène non pas *un* désir mais la résolution figurale d'une fusée d'attractions, de rechutes et de dépassements passionnels. Citons : la violence de son désir de possession érotique, la jouissance d'en exhiber l'objet à autrui, l'ambition de la belle forme où cette exhibition se représentera, la conquête de pouvoir qu'il escompte de cette maîtrise formelle, mais aussi, plus intimement, l'arrachement à soi-même que constitue tout geste de démonstration, la perte de l'objet déjà comprise dans son apparition et qu'aggrave encore le mouvement du dirc, l'impatience et la vaillance de dire tout de même par-dessus cette perte… en sorte qu'entrent dans la «circonstance» les effets du dire qui lui répond. La «circonstance» est irréductible. Nul ne saurait désigner son foyer puisqu'elle n'est encore qu'un champ de forces et de constrastes divergents. Et c'est une dérisoire recette que de la réduire à un protocole de transmission entre un émetteur et un récepteur, – tout comme de poser que l'existence de genres discursifs ou de jeux de langages *déjà disponibles* dans le monde suffisent à justifier l'émergence de fait de la parole. Effectivement, s'il est clair que la parole ne peut apparaître dans un éther immatériel, s'il est vrai qu'il lui faut un monde d'objets, de genres discursifs, de sujets parlants, de compétences logiques, – aucune des composantes de la « circonstance » ne suffit à expliquer, mécaniquement, l'avènement de *telle* parole qui en rend compte. Entre la totalité disparate de la « circonstance » et sa transposition figurale, se produisent tout à la fois une attraction, un déport, un renoncement, un froissement, une relance...

Ainsi, l'événement ouvert par la « circonstance » ne se referme pas avec la parole qui la dit. Tout à la fois cette parole en réfracte les lignes dominantes et en relance la force d'irruption sur un mode que la « circonstance » ne laissait pas prévoir (mais qui revient à elle en la re-présentant). La parole propage l'événement dans son élément propre qui est celui de la forme du dire. Et si un tel frayage est possible, c'est que « parole » et « circonstance » participent d'un même monde de particularités concrètes, de singularités dynamiques. La parole ne constitue pas moins un champ différentiel que la circonstance même. Les formes linguistiques émergent d'un fond différentiel sur lequel elles sont prélevées, les contours de l'énoncé réalisé rouvrent un nouvel espace de différences. *Ce qu'on essaie de cerner ici sous le nom de « figural » n'est autre que le passage de la différence dans le champ oppositif linguistique, en réponse à une « circonstance » de discours*. Pour mieux en saisir l'effet, repartons de la distinction (déterminante pour une linguistique moderne) entre « opposition » et « différence ».

2. « Opposition » et « différence »

Abordons-la telle que la comprend Robert Godel, à partir des notes du *Cours* de F. Saussure[26]. Une

26. *Les sources manuscrites du Cours de linguistique générale*, Société des publications romanes et françaises, Droz et Minard, 1957.

langue n'est faite que de «différences», c'est-à-dire de rapports de non-coïncidence; mais dans la mesure où les différences se conditionnent l'une l'autre par la correspondance de telle différence de l'idée avec telle différence du signe, elles accèdent à une certaine valeur positive qui les institue en «oppositions» : «La différence, en soi, est bien un caractère négatif : si *a* est différent de *b*, cela revient simplement à dire que *a* n'est pas *b*, quel que soit le degré de non-coïncidence; mais dès l'instant qu'un rapport existe par ailleurs entre *a* et *b*, ils sont membres d'un même système et la différence devient opposition.» (p. 197) L'«opposition» se distingue donc doublement de la «différence» : en ce qu'elle engrène deux ordres de non-coïncidence l'un sur l'autre, et en ce qu'elle établit des rapports réglés entre ses termes.

On voit donc que la langue ne cesse de faire de l'«opposition» avec de la «différence», c'est-à-dire de transformer en relations oppositionnelles des qualités contrastives en les associant à des variations représentatives et en fixant leurs écarts. La constitution du système phonologique à partir des données phonétiques en offre l'illustration la plus claire : des valeurs acoustiques infiniment modulables, telles que «sonorité», «continuité», «tension», etc., se transforment en «traits distinctifs» dès qu'elles entrent dans des paires d'oppositions («sourd» / «sonore», «continu» / «discontinu», «tendu» / «lâche») qui leur confèrent un rendement distinctif régulier. «Différence» et «opposition» sont à la fois nécessairement liées et mutuellement exclusives. On ne peut concevoir des «oppositions» qui ne coïncident pas de fait avec des caractères différentiels : ainsi l'«opposition» sourd / sonore [p] / [b] recouvre une différence de bruit et ne saurait apparaître hors d'elle;

mais dès qu'il y a « opposition » cette « différence » n'est plus perçue pour elle-même, elle se volatilise dans la saisie d'un écart invariable que définit le système linguistique. Toutes les nuances de bruit dans la réalisation du [p] ou du [b] sont négligées au profit d'une identification polaire de l'un ou de l'autre. Comme le souligne à ce propos J.-F. Lyotard dans *Discours, figures* : « C'est le système lui-même qui masque les différences, parce qu'il introduit les termes dans des rapports et qu'ainsi la non-coïncidence pure est limitée et réglée en écarts invariables[27]. »

Cependant Saussure-Godel restent absolument silencieux sur le destin de la différence dans la parole même. Car s'il est vrai que la langue fait de l'opposition avec de la différence, la parole, pour sa part, ne cesse de réintroduire de la différence dans l'opposition. En effet dès que la langue se *réalise* en un énoncé, comme le vers de Malherbe, elle se « fausse ». C'est-à-dire qu'avec la combinaison de ses unités oppositives, elle engage une frange de valeurs différentielles irréductibles au système. Un énoncé est long ou court, marqué par tel schéma intonatif, telle distribution phonétique ou lexicale… Il a une forme « quelle qu'elle soit » qui excède les traits formels strictement nécessaires à l'identification des unités linguistiques. En sorte que la figuralité ne peut être réservée, malgré ce que suggère J.-F. Lyotard, à l'énoncé transgressif, mû par une « décharge provenant d'un autre ordre » (p. 146), qui aurait seul ce privilège. Peu ou prou, tout discours, par son poids de réalité mondaine, rouvre un jeu de différences qui vient brouiller la netteté des relations linguistiques. Certes ces différences sont repoussées à l'arrière-

27. Paris, Klincksieck, 1971, p. 142.

plan par l'identification obnubilante des formes linguistiques, elles ne sont pas pour autant exclues absolument de l'espace discursif. La moindre inquiétude sur ce que « dit » le discours nous ramène à leur interrogation. Et cette inquiétude ne naît pas seulement de l'équivoque, mais plus généralement du souci qui nous a mis à l'écoute de la parole, et qui exige davantage d'elle que la représentation sémantique en quoi elle se traduit immédiatement : au-delà il s'agit d'entendre ce que sa forme particulière, et qui nous affecte, propose comme sens à venir.

3. Moments différentiels, types de figuralité

Dans la figuralité de l'énoncé se contractent plusieurs moments différentiels, dont on peut logiquement reconstituer l'enchaînement, bien qu'ils soient indissociables dans leur inscription matérielle. Ainsi leur existence n'a d'autre statut que celui d'une reconstruction *a posteriori*.

Le premier moment, résulte d'une résonance entre la « circonstance » et la forme générale de l'énoncé. À l'apparition, dans la « circonstance », du nouveau sur fond de déjà connu, la *figuralité énonciative* répond par un marquage différentiel de versants de l'énoncé, qui fait le ressort de toute ouverture discursive – c'est-à-dire de toute relation représentative. Au minimum ce marquage consiste en une différenciation intonative, positionnelle, rythmique, des parties de l'énoncé (« thème » et « rhème » selon les termes de l'analyse du discours, ou encore, « protase » et « apodose » dans le lexique de la tradition rhétorique[28]). Mais cette

28. Ces termes sont d'un emploi assez fluctuant dans la tradition rhétorique et ne s'appliquent pas originairement à la description de la « période ». Dans la *Rhétorique* d'Aristote la « protase » désigne les

différenciation peut se nuancer infiniment, propager ses effets à tous niveaux (phonétique, rythmique, syntaxique, tropologique), et se démultiplier, comme nous l'a bien montré l'analyse figurale du vers de Malherbe. Nous avons vu comment un jeu de dissymétries minimes donnait forme à une double appréhension constrastive de l'objet amoureux, saisi tout à la fois comme plein de lui-même et chu dans sa propre apparence. La *figuralité énonciative*, en tant qu'elle ouvre la possibilité de l'énoncé à partir de la répercussion d'une différence première, le configure nécessairement tout entier. Pour autant, elle est loin d'être toujours manifeste : elle est en effet recouverte par des articulations syntaxiques qui convertissent les dénivellations différentielles en dépendances logiques. En sorte qu'elle n'apparaît qu'en certains points de frottements entre ces deux ordres : ainsi, dans le vers

prémisses du syllogisme (cf. par ex. *Rh.* I, 2, 1358a17), le terme a donc un sens argumentatif et logique. Lorsque Aristote en vient à l'analyse de la période (III, 9), il n'est question que de «membres» (kôlon), et dans la période à deux membres, on ne distingue par aucun nom spécifique le premier du second. Ces termes n'apparaissent ni chez Cicéron, ni chez Quintilien, dans leurs analyses du style périodique. À l'époque classique, le mot «protase» semble recevoir une double extension, littéraire et grammaticale. Ainsi Corneille désigne par ce mot l'exposition du sujet d'une pièce et parle à ce sujet de personnages protastiques (*Premier discours*). Les grammairiens modernes des langues anciennes, de leur côté, se servent du couple «protase» et «apodose» pour opposer, dans une période conditionnelle, la proposition conditionnelle («protase») à la proposition principale («apodose») (Cf. par ex. L. Laurand et A. Lauras, *Manuel des études grecques et latines*, III, Paris, Picard, 1963, p. 580). Quant aux stylisticiens, ils se servent des mêmes termes pour désigner dans la phrase les contours intonatifs respectivement montant («protase») et descendant («apodose») (Cf. par ex. Y. Le Hir, *Rhétorique et stylistique de la Pléiade au Parnasse*, Paris, P.U.F., 1960, p. 98; M. Cressot, *Le style et ses techniques*, Paris, P.U.F., 1980, p. 279; ou encore B. Dupriez, *Gradus*, Paris, U.G.E. 10/18, 1984, article «période»). Cette fluctuation sémantique n'est cependant pas une dérive : elle est significative d'un effort pour saisir une différentialité première de l'énoncé («ouverture» / «fermeture») qui se réalise simultanément sur un triple plan logique, grammatical, interlocutoire.

de Malherbe, ce décalage entre césure et coordination, où se trahit l'insistance de la différence.

C'est un calcul interlocutoire qui produit le second moment différentiel, sous la forme d'une *figuralité rhétorique*. Cette fois, la différence est transposée dans un jeu d'écarts réglés (les figures de rhétorique proprement dites). Elle est aussi projetée dans l'espace interlocutoire, car c'est à un autre qu'on délègue le travail de restituer, selon des procédures d'inférence convenues, une représentation sémantique acceptable à des éléments linguistiques différenciés. Par là, on reproduit dans la réception de l'énoncé une tension vers la représentation analogue à celle qui a animé l'énonciation – ainsi dans les tropes que proposait le vers de Malherbe, et qui font de « baume » et « roses » des supports d'évocation. Cette figuralité est contemporaine de l'énoncé : seul son déchiffrement permettra d'en compléter la représentation. Elle est aussi locale en ce qu'elle se focalise sur une partie seulement de l'énoncé (même si son repérage engage nécessairement le tout de l'énoncé).

Un troisième moment différentiel, qui découle de la réalisation de la langue en parole, donne lieu à une *figuralité discursive*. Car dès qu'un énoncé prend une consistance réelle, il circonscrit un champ virtuel de rapports aléatoires : attractions ou contrastes phonétiques, esquisses rythmiques, carrefours homonymiques, enchaînements de représentations. Ni spécifiquement locale, ni spécifiquement globale, la figuralité discursive procède d'un rebond sur les formes du discours « quelles qu'elles soient ». Elle constitue ainsi la ressource inépuisable de toute innovation figurale – même là où tout souci explicitement rhétorique a disparu. Elle se distingue de la figuralité énonciative par sa secondarité (il faut qu'une forme d'énoncé soit re-considérée pour qu'elle apparaisse), et de la figuralité rhétorique par son dérèglement (les figures qu'elle dessine n'ont pas forcément de forme repérée). Comme elle découle du jeu anarchique des formes dans l'énoncé réalisé, elle encourt le risque de gratuité : ricochets phonétiques, jeux de mots « insignifiants » ou inaboutis, analogies vides… Un ensemble de figures-simulacres peuvent ainsi traverser l'énoncé, brouillant la réponse à la « circonstance », déroutant l'interprétation. Cependant parce qu'une figure, si singulière soit-elle, est une proposition formelle, elle a une force de redescription, et rien ne l'empêche en chemin de trouver sa motivation ou de faire apparaître après-coup sa « circonstance ». Soit, dans le vers de Malherbe, ce chiasme phonétique imparfait « *ro*ses deh*ors* » ([Ro] / ɔR]) : apparemment impertinent, artificiellement appelé par la recherche dans le second hémistiche d'un jeu phonétique répondant à l'allitération du premier (« *bau*me » / « *bou*che »), il est pourtant susceptible de rejoindre la « circonstance » en figurant jusque dans une symétrie de lettres l'extraversion brusque des « roses », le renversement du dedans en dehors qu'elles accomplissent…

Ce qui distingue ces divers états de la figuralité, c'est donc moins leur forme objective que le moment phénoménologique où nous les situons. La *figuralité énonciative*, fondatrice, est éprouvée toujours déjà antérieure à l'énoncé. La *figuralité rhétorique* lui est simultanée, puisqu'elle doit être reconnue pour que l'énoncé se constitue par-delà ses lacunes. La *figuralité discursive* rebondit sur la forme déjà close de l'énoncé et en relance le jeu différentiel. Cependant ce sont bien les mêmes lieux d'inscription qu'elles se partagent.

Ainsi les deux tropes malherbiens «baume» / «roses» relèvent indiscutablement d'un codage rhétorique, d'espèce même assez conventionnelle. Mais le contraste entre eux du singulier et du pluriel renvoie à une fêlure «première» dans l'appréhension de la beauté féminine. Et l'écho des voyelles [o], le contraste des consonnes occlusive [b] et vibrante [R], dans «baume» et «roses», constituent plutôt une ressource de relance figurale.

4. Effets esthétiques, effets sémantiques

Le passage de la différence dans le champ oppositif linguistique produit ultimement des effets de sens dont le traitement relève d'une sémiotique, d'une sémantique ou d'une pragmatique discursive. Là où les unités oppositionnelles s'intègrent régulièrement dans le discours selon des niveaux de concaténation hiérarchisés, les différences traitent des syntagmes comme des ensembles hétérogènes, elles confondent les niveaux linguistiques et les déstratifient. Elles lient des unités linguistiquement inintégrables, elles condensent des valeurs sémantiques et elles les engagent dans des rapports analogiques ou contrastifs. Là où les unités linguistiques sont supposées recevoir une représentation immédiate, les figures apparaissent comme le point de départ de processus interprétatifs.

Mais notre objet n'est pas la description technique des procédures interprétatives. Ce qui nous retient c'est la dynamique de leur déclenchement. Effectivement, en tant que destinataires du discours, nous ne nous mettons en quête de représentation ni spontanément, ni par bonne volonté; toujours il s'agit de conjurer la menace d'une crise dont l'enjeu est à la fois interlocutoire, linguistique, référentiel : allons-nous rompre un entretien, perdre confiance en la langue, manquer le réel qu'on nous désigne? En deçà donc de ses effets de sens, le figural a donc dû prendre la forme d'un ensemble de provocations au sens, auxquelles on peut donner le nom d'« effets esthétiques ». Il faudra comprendre ces « effets esthétiques » non comme des stimulations sensorielles mais comme les formes de crise, les types de tension, qu'impose le discours à la réception de l'énoncé[29]. Ici encore, des distinctions sont nécessaires selon les états de la figuralité.

La *figuralité énonciative* ouvre une tension d'ordre dialogique, tension à laquelle la vulgate rhétorique fait allusion en opposant les deux versants de la période comme la « protase » (la *proposition*) et l'« apodose » (la *restitution* ou *don en retour*). C'est reconnaître implicitement, ajointées dans l'unité de l'énoncé, des formes d'« appel » et de « réponse ». La « protase »

29. Je prends ici « esthétique » dans un sens sensiblement différent de celui qu'a proposé H.R. Jauss (*Pour une esthétique de la réception*, Paris, Gallimard, 1978, p. 131). Pour lui, l'esthétique désigne la jouissance du beau sous sa triple forme de *poïèsis* (où, par la création, l'homme fait du monde son œuvre propre), *aisthèsis* (où se renouvelle la perception des choses émoussée par l'habitude) et *catharsis* (où l'homme se dégage des liens qui l'enchaînent aux intérêts de la vie pratique). En restreignant les « effets esthétiques » à des formes pré-sémantiques de sollicitation au sens, je suis peut-être plus proche de Wolfgang Iser (*L'Acte de lecture*, (1976), Mardaga, trad. 1985). Cependant celui-ci distingue pour sa part « pôle artistique » et « pôle esthétique » : « Le pôle artistique se réfère au texte produit par l'auteur tandis que le pôle esthétique se rapporte à la concrétisation réalisée par le lecteur. » (p. 48) Et plus loin, il ajoute : « Ainsi, le texte littéraire esquisse la réalisation de son sens. Sa qualité esthétique réside dans cette « structure de réalisation », qui ne peut être identique au produit puisque c'est seulement la participation du lecteur qui permet la constitution du sens. Par conséquent, la qualité propre au texte littéraire se fond sur le pouvoir qu'il a de produire quelque chose qu'il n'est pas. » (p. 60) Si l'on précise que cette « structure de réalisation » tient au dispositif d'ellipses dont le discours est porteur, la portée esthétique du texte apparaîtra comme le jeu de tensions qu'il met en œuvre pour provoquer le lecteur à la construction du sens.

d'un énoncé est une question reprise à un autre, elle est le rappel d'un souci thématique commun, et c'est la communauté de ce « lieu commun » qui capte l'intérêt de l'interlocuteur, jusqu'à lui faire admettre le développement original apporté au thème dans l'« apodose ». Ainsi, d'un bord à l'autre de l'énoncé, on vacille d'une communauté admise à une singularité neuve, en même temps qu'un sens suspendu trouve sa complétude. Le thème commun est posé dans son insuffisance, et cette insuffisance comblée par une résolution inédite. Ceci selon des formes plus ou moins complexes : anticipées, retardées, suspendues, abrégées, intermittentes, multipliées. La gestion de ces tensions constitue le schème dynamique de la phrase, ou encore son « phrasé ». Ce « phrasé », c'est la forme même de notre sollicitation au sens. C'est en suivant son dessin interpellatif que nous participons à son élaboration, tantôt détachés, confortés, par l'équilibre des tensions, tantôt suspendus à leurs déséquilibres. Il se peut que la représentation sémantique que nous formons alors efface tout de cette dynamique interne, la réduise entièrement en rapports logiques. Elle subsistera pourtant à travers des points de « différenciation » tels que ceux que nous avons relevés chez Malherbe. Le moindre effort pour actualiser oralement l'énoncé nous y ramènera. Et lors même que nous aurons tout oublié du sens de l'énoncé, survivra en nous le schème dynamique par lequel nous y avons accédé. Dans la *figuralité rhétorique*, la tension est de nature plus interlocutoire que dialogique : bien moins qu'il ne reprend ses représentations à un autre, le locuteur place d'emblée l'autre sur son propre plan représentatif en le sommant de coopérer à l'évocation qu'il lui destine. Le discours n'opère pas un déplacement mais une adduction. La sollicitation de l'autre procède d'une incomplétude locale : au sein d'un énoncé littéral, certains termes « impropres » sont sujets à modalisation, c'est-à-dire entrent en attente de représentation sémantique. Ils ouvrent une lacune dans la continuité du sens, suscitant un complément d'élaboration représentative. Le rétablissement de cette continuité selon des procédures communément admises réunit ainsi des interlocuteurs qui ne s'étaient jamais vraiment écartés l'un de l'autre. Dans la *figuralité discursive*, en revanche, tous les contrats interlocutoires sont déjoués. La figuralité se présente comme sans adresse. Si, pourtant, elle induit une certaine tension dans la réception du discours, c'est sur le mode d'un excès. Alors même que l'énoncé semble avoir trouvé sa complétude, il est traversé de différences qui distendent le même ou qui rapprochent le distinct. Il y a surplus des rapports différentiels sur les relations linguistiques. Toute liaison différentielle ayant pour revers une déliaison linguistique, deux modes d'« accommodation » sur l'énoncé, qui sont aussi deux modes d'accès au sens, entrent en concurrence. À l'immédiateté représentative de l'énoncé s'oppose le libre jeu de ses relations aléatoires, virtuellement infini dans ses prolongements interprétatifs.

Ainsi le figural a partie liée avec l'essence du discursif en tant que ce dernier est le lieu d'un déplacement en acte et d'un frayage représentatif. Le figural est la trace de ce mouvement du dire au sein du dit, – mouvement relancé en chaque étape de la parole (son origine énonciative, sa phase de calcul interlocutoire, son moment de rebondissement formel). Le figural nous reconduit au *motif* du discursif. Il en marque l'irruption jusque dans les structures linguistiques les plus apparemment achevées. Il témoigne qu'une parole n'est jamais la simple instrumentation d'un code, qu'elle n'est jamais le simple agencement de représentations déjà disponibles. « Réalisant » la langue, la parole la « met en œuvre » dans la figuralité. Répondant à un événement du monde, elle se déploie aussi comme un événement du monde.

III. PAROLE « ORIGINAIRE » ET FIGURALITÉ

Revenons à la figuralité énonciative, comme à la plus énigmatique et la plus profonde des modalités figurales. En tant qu'ouverture d'une différence « première » dans laquelle se déploie la parole, elle est irréductible à une production ponctuelle d'effets de sens. Elle rend compte des énoncés en tant que différenciation globale (intonative, positionnelle, rythmique, etc.). Mais pour autant, elle n'est pas étrangère à la localité des « figures ». Mieux, elle nous en éclaire le processus. Chaque figure en effet nous ramène au moment mythique d'une fondation simultanée de la langue et de la parole, et nous le représente. Car c'est seulement si l'on en revient au point où la forme de la langue « a dû » se présenter dans l'incertitude d'un commencement absolu, qu'on peut reprendre le pacte linguistique, et y confronter l'innovation figurale. Alors seulement une forme nouvelle de discours peut prendre *force* de loi, *valoir comme* forme de langue virtuelle. Alors se recroisent, en un unique moment « originaire », avenir et fondation de la langue.

Le figural nous donne ainsi accès à une expérience « originaire » indéfiniment ouverte précisément parce que l'origine nous fait absolument défaut. Non seulement l'origine nous est historiquement inconcevable, mais phénoménologiquement elle nous est continuement dérobée autant dans l'apprentissage que dans l'exercice du discours. Effectivement, pour chacun, la langue a été davantage « reçue » qu'elle n'a été « rencontrée ». D'emblée complète et légitime dans ses formes, elle nous a assujettis à sa loi sans jamais nous laisser deviner ce qui fondait cette loi, sans nous donner accès au mystère de son institution, et *a fortiori* sans nous y faire participer. De même l'entretien discursif a toujours déjà commencé lorsque nous prenons notre rôle sur la scène du discours. Le *fait* de la parole, la distribution des places interlocutoires, les formes de l'échange sont déjà donnés, sans que rien prouve, pour le sujet parlant que nous sommes, leur *possibilité* ; sans qu'aucune expérience vienne authentifier que nous avons part à leur actualité. Nécessairement impliquée par le discours, l'origine y est aussi régulièrement effacée. Et chaque fois que nous parlons une parole « déjà parlée », c'est-à-dire conventionnelle et réglée, il nous semble contribuer nous-mêmes à cet effacement, épaissir l'énigme du commencement, et nous faire les complices d'une réquisition secrète. Cette origine, nous y avons pourtant accès dans tous les moments de trouble du discours. Toute incertitude et tout effort verbal nous y reconduisent. Qu'un événement discursif, dans son trébuchement, ébranle les contours de nos représentations, et nous sommes reconduits à la fondation de la langue : dans le figural, nous en entendons comme l'écho atténué, nous retrouvons l'actualité qui *a dû* présider à son invention. L'origine manquée nous y semble indéfiniment reprise. Et à chaque fois, c'est aussi notre engagement subjectif dans la parole qui se rejoue. Car sans doute aucun discours n'aurait le pouvoir de se faire entendre de nous s'il ne relançait, en chacune de ses occurrences, notre prise «première» dans les signes, le coup double par lequel nous nous sommes dégagés comme sujets dans un avènement de langue.

De cette expérience, cependant, si nous voulons l'approfondir, où trouver témoignage ? Ici, ni les linguistes ni les rhétoriciens ne nous sont d'aucun secours. Les uns et les autres sont solidaires pour évacuer de leur analyse toute perspective «originaire». Les premiers objectivent des structures (ou plus récemment des «usages») de discours qui, dans la pure synchronie où ils se situent, ignorent tout change de forme. Les seconds, tout en partant d'une définition phénoménologique de leur objet (est figure ce qui produit le sentiment de l'écart), réduisent bientôt ce critère, objectivent à leur tour les formes des figures et constituent une «grammaire» des écarts qui vient doubler la grammaire des normes. Ainsi le savoir des uns et des autres immobilise les formes dans un immatériel présent. C'est donc ailleurs qu'il nous faut nous tourner.

Du côté de l'œuvre poétique, sans doute, parce qu'étant elle-même engagée dans un frayage de formes, l'œuvre ne peut ignorer l'expérience commune de parole dont elle se fait le prolongement. Mieux, elle est susceptible, par un retournement sur cette expérience, d'en faire apercevoir l'événementialité et d'établir cette représentation comme son projet essentiel, fût-ce en se désintéressant d'enjeux historiques plus pressants. À nous donc de nous mettre à l'écoute de paroles qui *mettent en œuvre*, plus réflexivement que d'autres, leur émergence en des formes, et qui ainsi se tiennent dans une lumière «originaire».

Il faut admettre cependant que le savoir de l'œuvre sur l'« origine » ne se donnera jamais dans la clarté de la théorie, mais à travers une figuration qui sera elle-même à interpréter. Aussi ne sera-t-il peut-être pas inutile de guider notre écoute à d'autres échos de l'« origine » plus immédiatement déchiffrables.

À cet égard, les reconstructions mythiques ou théoriques de l'« origine » de la parole ont de quoi nous intéresser. Bien qu'elles ne visent pas spécifiquement l'expérience de la figuralité, elles en rendent pourtant compte. Effectivement, si l'événement figural reconduit nécessairement chacun à une imagination de l'« origine », réciproquement les mythes d'origine du langage nous décrivent une expérience figurale, telle que chacun peut s'y ressourcer à chaque surgissement du « nouveau » dans la parole. Répondre à la question « Comment la parole a-t-elle commencé ? », ce n'est rien d'autre que décrire comment elle recommence sans cesse, et projeter dans le temps historique (individuel ou collectif) un moment phénoménologique. Là où nous accuserions volontiers les reconstructeurs d'« origine » d'imaginer librement – et gratuitement – ce qu'ils ne peuvent en aucun cas savoir, ils témoignent de ce qu'ils expérimentent vraiment dans la parole vive. Ils nous décrivent les formes primordiales de la figuralité et la façon dont le sujet s'y risque et s'y produit.

On ne s'étonnera donc pas que la « première parole » nous soit régulièrement décrite comme figurée. « Que le premier langage *dut* être figuré », annonce ainsi Rousseau dans *l'Essai sur l'origine des langues*[1], donnant

1. Telle est déjà la perspective du romantisme allemand. Ainsi A.W. chlegel écrit-il « Leçons sur l'art et la littérature », repris in *L'absolu*

à cette figuralité le statut ambigu d'une hypothèse nécessaire et d'une probabilité factuelle. En tant que l'origine est le site d'un événement absolument premier qui justifie l'émergence de la parole (chez Rousseau la «première» rencontre d'un sauvage avec un autre), l'expression y est nécessairement impropre. Parce que l'événement est encore sans commune mesure, et comme sans loi, il ne peut être ni reconnu, ni nommé de façon appropriée. La «première parole» est d'abord une effraction fondatrice répondant à un surgissement dans le réel et c'est cette effraction qu'elle manifeste en même temps qu'elle s'efforce à nommer l'objet qui fait irruption. En conséquence, elle est originairement déplacée, elle nomme très mal la propriété de l'objet mais très bien son effet d'émergence : le sauvage de Rousseau illusionné par sa peur voit comme géant et appelle «géant» celui qui n'est qu'un *alter ego*. Son erreur ne lui apparaîtra qu'après-coup, lorsque la répétition de l'événement aura approprié l'expérience à une commune mesure (en l'occurrence démontré l'identité de l'un et de l'autre, et justifié comme «propre» l'emploi d'un terme qui les désigne en commun : «homme»). Cependant, cette effraction et ce déplacement originaire qu'il faut bien

littéraire, Ph. Lacoue-Labarthe, J.-L. Nancy, Paris, Seuil, 1978, p. 358) : «Nous ne considérons pas l'origine du langage, de manière générale, comme quelque chose qui soit à situer en un point déterminé du temps, mais dans le sens où le langage ne cesse pas de naître, tout comme la création du monde se renouvelle à chaque instant.» Et plus loin, A.W. Schlegel voit dans la figuralité poétique le simple prolongement d'une «première» présentation langagière du monde : «Il s'édifie donc dans le langage, au-dessus de la première présentation du monde des sens, une seconde présentation de nos intuitions non sensibles, et le lien des deux est la métaphore. La figuralité, la désignation par comparaison, entrait sans doute déjà en jeu dans la première de ces sphères, mais c'est ici seulement que se manifeste en nous la pleine conscience de la faculté de symboliser, grâce à l'usage délibéré et intentionnel de laquelle la poésie proprement dite est formée, à partir des éléments poétiques du langage originel.» (p. 363) postuler pour s'expliquer le commencement de la parole (tant chez l'individu que dans l'espèce), Rousseau en rend compte selon le modèle *second* qu'en présente le figural, le seul qui nous soit véritablement accessible : celui, face à l'événementialité du réel, d'un vacillement de l'ordre *déjà établi* des signes...

Essayons donc d'éclairer l'un par l'autre ces deux types de savoir indirect sur l'«origine», le poétique et le théorico-mythique. Et partons de ce dernier qui nous fournira d'emblée les éléments d'une analyse de la parole «originaire». J'aurai ici recours à l'observation du jeu du *fort-da* rapportée par Freud dans *Au-delà du principe de plaisir*. Certes, nulle part l'auteur ne présente son exposé comme un mythe d'origine de la parole; mais c'est pourtant bien ainsi que l'ont compris les commentateurs modernes, ne pouvant se résoudre à y voir une simple analyse de cas, ni un modèle théorique. Ici comme ailleurs, les «auteurs» du mythe sont pour partie ses destinataires, tel qui le comprend comme «exemple de symbolisation primordiale» [2], tel autre qui y voit un «argument légendaire» [3]. Inlassablement commenté ces dernières années, le récit de Freud nous tient lieu d'*Essai sur l'origine des langues*. L'invention de la parole que nous n'osons plus nous figurer «naïvement» au plan de l'espèce, nous la ressaisissons au plan de l'histoire individuelle, et c'est toujours en y projetant la même expérience figurale.

Je rappelle pour mémoire la description par Freud du jeu de cet enfant de 18 mois (qui n'est autre que son petit-fils Ernst) [4].

2. *J. Lacan, Les quatre concepts fondamentaux de la psychanalyse*, Paris, Seuil, 1973, p. 216.

3. J. Derrida, *La carte postale*, Paris, Flammarion, 1980, p. 319.

4. Traduction Jankélévitch, in *Essais de psychanalyse*, Payot, 1970, pp. 16-17.

Cet excellent enfant avait cependant l'habitude d'envoyer tous les petits objets qui lui tombaient sous la main dans le coin d'une pièce, sous un lit, etc., et ce n'était pas un travail facile que de rechercher ensuite et de réunir tout cet attirail du jeu. En jetant loin de lui les objets, il prononçait avec un air d'intérêt et de satisfaction, le son prolongé o-o-o-o qui, d'après les jugements concordants de la mère et de l'observateur n'était nullement une interjection, mais signifiait le mot «Fort» (loin).

À ce premier état du jeu en succède bientôt un deuxième, plus élaboré, et dont le sens apparaît à Freud directement en rapport avec les absences de la mère.

L'enfant avait une bobine de bois, entourée d'une ficelle. Pas une seule fois l'idée ne lui était venue de traîner cette bobine derrière lui, c'est-à-dire de jouer avec elle à la voiture; mais tout en maintenant le fil, il lançait la bobine avec beaucoup d'adresse par-dessus le bord de son lit entouré d'un rideau, où elle disparaissait. Il prononçait alors son invariable o-o-o-o, retirait la bobine du lit et la saluait cette fois par un joyeux «*Da!*» («*Voila!*»). Tel était le jeu complet comportant une disparition et une réapparition, mais dont on ne voyait généralement que le premier acte, lequel était répété inlassablement bien qu'il fût évident que c'est le deuxième acte qui procurait à l'enfant le plus de plaisir.

Au-delà du *fort-da*, le petit Ernst découvre une version plus radicale de son jeu : se faire disparaître soi-même d'un miroir en s'accroupissant en-dessous. La parole n'y est pas tout à fait absente puisque l'enfant signale après coup cet exploit à l'attention de sa mère par l'exclamation «Bébé o-o-o-o» (*ibid.*).

L'analyse freudienne du jeu entre, on le sait, dans le cadre d'une réflexion plus vaste sur l'automatisme de répétition[5]. Mais, quant à nous, c'est

5. Des commentaires que suscitent ces différents manèges, retenons quelques points essentiels. Freud fait d'abord l'hypothèse que le

par un angle plus restreint – d'ordre quasi stylistique – qu'il faut l'aborder. En quoi ce balbutiement enfantin peut-il passer pour exemplaire du figural ? Qu'a-t-il de commun avec les figures sophistiquées qui font événement dans la parole ? Et que pourrait-il bien nous enseigner à leur propos ? Répondre à ces questions, c'est peut-être déjà esquisser une poétique de la parole « originaire ».

UN THÉÂTRE DE LA PAROLE

Commençons par résoudre une question de principe. N'y a-t-il, dans le simple fait que l'enfant parle déjà, un sérieux obstacle à considérer comme « originaire » la parole du *fort-da* ? Le récit de Freud est en effet sans équivoque sur ce point : « âgé de 18 mois, il ne prononçait que quelques rares paroles compréhensibles et émettait un certain nombre de sons significatifs que son entourage comprenait parfaitement » (p. 16). Et force est d'admettre que le *fort-da* ne

jeu reproduit avec des objets la scène de la disparition et de la réapparition de la mère. Ceci le conduit à s'interroger sur ce qui motive la répétition (fût-elle symbolique) d'un événement pénible. Deux hypothèses sont successivement envisagées. Selon la première, tout le plaisir du jeu consisterait en une maîtrise symbolique du départ de la mère : faire disparaître à volonté celle qui lui inflige son absence, voilà qui retourne en activité la passivité subie, et qui précipite l'anticipation du retour, c'est-à-dire l'issue heureuse de l'événement. Mais Freud est conscient qu'une telle explication ne rend pas compte de la répétition dans le premier jeu, où le plaisir semblait culminer dans la dispersion (plutôt que dans le retour). Selon une seconde hypothèse, la bobine représente encore la mère, mais son rejet prend la signification d'une vengeance et transmue une source de déplaisir indirect (le départ) en motif de plaisir plus direct. Freud s'abstient finalement de choisir entre ces deux interprétations et conclut sur l'impossibilité de penser un au-delà du principe de plaisir à l'aide de la répétition dans le jeu d'enfant. N'est-ce pas que toutes les explications que Freud se donne ont pour effet de ramener la répétition à une économie de plaisir connue et interdisent ainsi l'accès à l'« au-delà du principe de plaisir » ?

constitue guère un progrès considérable par rapport à ces ébauches d'énoncés pratiquées par l'enfant. Doit-on reconnaître là une erreur de lecture, chez ceux qui considèrent le *fort-da* comme un exemple de « symbolisation primordiale » ? Ou faut-il voir, dans le fait de poser comme déjà là ce dont on doit expliquer l'avènement, la marque – paradoxale – de tous les récits d'origine ? Distinguons plutôt entre commencement et « origine ». Le récit de Freud ne nous décrit pas la parole empiriquement première du petit Ernst, pour la raison claire qu'elle n'a jamais eu lieu en tant que seuil décisif. Comme tout un chacun, le petit Ernst a progressivement investi un monde de langage et d'interlocution tout constitué avant lui. Si pourtant son *fort-da* apparaît comme parole « originaire », c'est qu'il est l'occasion d'un retour de la parole sur sa source – retour par lequel elle saisit son point d'émergence absolu, et se fonde ainsi dans la considération d'une limite, indéfiniment refranchie. Par là le petit Ernst s'est émancipé d'une simple fonctionnalité de son usage des signes. Il a « inventé » la représentativité qu'il pratiquait déjà, et, d'un « coup d'archet », comme dirait Rimbaud, assisté à l'éclosion de sa pensée. Ce caractère théâtral de la parole « originaire », qui s'ouvre à sa propre contemplation, est suffisamment mis en évidence, dans le cas du *fort-da* par le dispositif ludique où il se produit. C'est un véritable petit théâtre du signe qu'improvise l'enfant dans son jeu, avec cette scène que trace le bord du berceau et ces rideaux qui dramatisent l'apparition de la bobine. La parole du *fort-da* est donc originaire en ce qu'elle est réflexive, mais de quoi exactement ?

Pour répondre, il faut détailler les termes d'une réflexivité interne au jeu. Ce qui fait « assister » le petit

Ernst à sa parole, ce n'est pas seulement en effet la mise en scène du berceau. C'est un dispositif complexe de renvois et de décrochements entre : geste expressif (les allers et retours du fil) et chose représentative (la bobine) d'une part, – intonations différentielles (le *O* prolongé et le *Da* tendu) du *fort-da* et valeurs oppositives des deux syllabes d'autre part.

Considérons globalement le jeu : le mouvement gestuel y apparaît tout à la fois comme le redoublement et la condition de possibilité de la parole. Condition de possibilité parce que, par le rejet au loin, il crée (déjà dans la première version du jeu) la distance à partir de quoi des objets pourront être représentés. Distance variable, grâce au fil de rappel, et qui surmonte le double péril d'une fusion fascinée avec l'objet présent ou d'une chute dans la béance que son absence produit. La manipulation de la bobine instrumente cette distance variable et illustre la liberté nouvelle vis-à-vis de l'objet que la symbolisation offre à l'enfant. Le geste fait donc apercevoir les conditions de possibilité de la parole, mais, en l'occurrence, il en commente aussi le contenu. Effectivement, la parole du *fort-da* ne dit rien d'autre que l'opposition du proche et du lointain, et cette signification de l'énoncé, le geste la donne à voir manifestement par les déplacements de la bobine dans l'espace. Le décrochement du geste (continu dans son mouvement mais discontinu dans ses effets visibles) et de la parole (vivement contrastée) agence entre eux un jeu de renvois. L'énoncé réfléchit le sens du geste, montrant ainsi la parole retournée vers l'ouverture, la spaciosité nouvelle, dont elle émerge[6].

6. Sans doute peut-on aller plus loin dans l'analyse de la gestualité du *fort-da* et y reconnaître une réflexivité interne analogue à la réflexivité

Au plan verbal, nous allons reconnaître plus nettement quelque chose du figural, parce que le mouvement expressif rencontre l'extériorité de la langue. La profération de l'enfant (réellement articulée «o-o-o-o / Da!») doit en effet être comprise, selon l'interprétation convergente de Freud et de sa fille, non pas comme une interjection de hasard mais comme l'ébauche maladroite des mots allemands *fort-da*. Peu importe à vrai dire que l'enfant vise une antithèse sémantique reçue ou qu'il la réinvente en constatant le rendement oppositif d'une variation d'ouverture [ɔ / α]. Pour qu'il accède au linguistique, il aura suffi qu'il se captive à cette distinction simultanée de formes phonétiques et de valeurs sémantiques, qu'il en fasse répétitivement l'exercice discriminant. De ce point de vue, l'enfant du *fort-da* énonce moins *une* distinction linguistique que l'épiphanie de la distinction linguistique. À la répéter, il ne fait rien d'autre que refranchir la coupure de l'articulation en son énigme. Cependant son énoncé est irréductible à cette *simple* distinction, parce qu'il marque différentiellement chacun de ses termes. En effet, articulatoirement, le «o» est étiré sur quatre

externe qui lie geste et parole. En effet cette gestualité se diffracte en ouverture (le geste creuse un espace d'apparition) et symbolisation (il institue la bobine en représentation de la mère). Or ces deux faces du mouvement expressif se réfléchissent l'une l'autre au point de se confondre. Effectivement la valeur représentative de la bobine ne s'autorise d'aucune convention a priori, ni d'aucun caractère naturel. Elle est suspendue – ici littéralement – au geste physique de la représentation intermittente. C'est l'intermittence de son apparition qui l'institue en symbole de *la* présence maternelle dérobée. Que ce geste retombe et la bobine n'est plus qu'une chose inerte au bout de son fil. Là est donc le pouvoir que se découvre l'enfant : celui de rendre une chose représentative en la conjuguant à sa négation (ce qu'il faut comprendre doublement : la bobine prend une valeur représentative à entrer en opposition binaire avec son absence; elle est représentative de la mère absente, c'est-à-dire qu'elle conjugue présence et absence de la mère). Là est aussi la tâche de l'enfant puisque, si toute la signification procède de lui, elle ne se soutient encore que de lui. Sur le plan de la gestualité le symbole produit réfléchit donc le geste comme la source de sa valeur.

temps, son articulation lâche et constrictive, son intonation « monotone », expriment mimétiquement l'ouverture indéfinie du lointain, tandis que le « Da ! » recentre sur un seul temps la syllabe, la frappe d'une occlusive sonore, et l'intone « joyeusement ». Ainsi la distinction est prélevée sur un jeu de différences qu'elle n'épuise pas, et qui en deçà d'elle continuent d'animer l'énonciation.

Or, c'est la réflexivité généralisée du jeu qui peut le mieux nous faire saisir l'effet de ce décrochement entre distinction et différence au sein d'un même énoncé. Effectivement, tout comme la symbolicité de la bobine est tournée vers son geste producteur, l'articulation oppositive renvoie à ce fonds de différences dont elle émerge – sans toutefois s'en détacher absolument – et qui la rendent possible. Elle apparaît comme la schématisation de contrastes sensibles qui subsistent au-delà d'elle mais qu'elle convertit en discrimination absolue. Un ensemble de caractères sensibles (le lâche et le tendu, le long et le bref, le monotone et le joyeux) différencient le style des deux parties de l'énoncé, caractères susceptibles de modulation, d'enchaînement continu, de variations d'intensité ; mais linguistiquement un seul trait d'ouverture [ɔ] → [α] suffit à transmuer l'enchaînement des deux parties en opposition, et d'autant plus sûrement que cette opposition phonétique rencontre une distinction lexicale. De même que le geste se fascinait à constater qu'un mouvement continu pouvait se résoudre en disparition / apparition de la bobine, la parole éprouve que le faisceau de valeurs qu'elle émet articule en un point une irréductible opposition. L'enfant du *fort-da*, en même temps qu'il dit quelque chose du proche et du lointain, dit la coupure qui permet de les penser.

L'énoncé «originaire», tel que l'exemplifie le *fort-da*, agence donc une réflexivité qui n'est à proprement parler ni celle du contenu (il n'y a pas réduplication de l'énoncé – l'énoncé renvoie plutôt à ses conditions d'énonciation), ni celle du code (il ne s'agit pas davantage de mettre en évidence le jeu des oppositions linguistiques en tant qu'elles seraient déjà constituées) – mais qui touche un aspect de l'énonciation : la coupure sémiotique marquant l'avènement du linguistique. Ce qui ouvre le théâtre de cette réflexivité, c'est le battement d'une double articulation oppositive et différentielle. «Entre» ces deux articulations s'instaure un «jeu» analogue à celui qui clive geste et parole, les fait se soutenir l'un par l'autre. La coupure est refranchie dans les deux sens, sur un mode essentiellement vacillant. Sans doute l'énoncé «originaire» nous ramène-t-il en deçà de son articulation, à un fonds de *qualia* sensibles dont il nous restitue la perception, mais aussi bien il manifeste à partir de ce fonds l'irruption du distinctif. Le geste ou l'intonation apparaissent dès lors comme l'autre du distinctif : ce qui le fonde, en deçà, et ce qui le module, au-delà. Le dispositif expressif (scène / geste / parole) rebrousse ainsi l'énoncé vers ce «bord du berceau» de la nomination, limite insaisissable, et en tant que telle toujours à reprendre. Toute parole «originaire» rejoue au cœur même de son énoncé le passage de limite qui ouvre la possibilité de cet énoncé.

Si la «parole originaire» n'était qu'un autre nom du figural, nous devrions, en chaque figure, entendre l'interminable *fort-da* battre l'opposition, moduler la différence. Les figures ne se réduiraient pas à leurs effets de sens. Elles réfléchiraient, pour y parvenir, un passage par l'«origine», c'est-à-dire par ce point nodal où se confondent et se déchirent élan discursif et distinction linguistique en un interminable débat. Tel serait le mouvement obligé, celui d'une remontée au principe de la parole, pour que l'accident local d'une figure fasse entrevoir momentanément en lui la puissance d'une fondation linguistique, pour que la langue de son côté demeure ouverte à l'événementialité de la parole.

Ne peut-on en effet reconnaître en toute figure un battement sur le seuil de la distinctivité ? Tantôt la figure remet en question la distinction des signifiants, en soulignant toutes les analogies qui peuvent la replonger dans l'indistinct. Le discours s'approche alors au plus près de la confusion, là où un continuum phonético-sémantique viendrait empâter des régions entières du système linguistique (c'est le pôle de la *paronomase* qui rapproche par exemple « lèvres » et « livre »). Tantôt la figure fait apparaître de la distinction là où la langue confondait dans un même signifiant plusieurs représentations sémantiques, et le discours, dénonçant en la langue un défaut de distinctivité, refend deux signes dans un même bloc homonymique (c'est le pôle de l'*antanaclase* qui fait varier le sens d'un mot d'un usage à un autre dans le cours d'un seul énoncé). Ces deux figures polaires nous ramènent ainsi au fonds chaotique de représentations sémantiques et de valeurs sonores dont les signes *ont dû* se dégager, dans un entrecroisement d'écarts. Elles nous font refranchir dans les deux sens la coupure sémiotique. Et ce double mouvement est sans doute simultanément à l'œuvre dans *toute* figure puisque aucune n'est déchiffrable hors de ce passage d'un moment de désémantisation à un moment de resémantisation.

Dès que la parole s'éprouve, c'est-à-dire en parlant jauge les points de force qui lui confèrent son essor, c'est là qu'elle est reconduite. Ainsi dans la *rime* où vacillent l'épreuve de la *paronomase* et la contre-épreuve de l'*antanaclase*. La rime ne sert pas à « marquer la fin du vers », ni ne se borne à construire des systèmes de vers[7]. Elle revient rythmiquement au point d'origine et d'élan de la signifiance, où se rebrodent indéfiniment suturation et découpure articulatoire. En cela, la rime n'instrumente rien que ne pratique déjà l'enfant du *fort-da* en son jeu : cette double jaculation où l'autre ricoche à partir du même – au risque de la confusion. Dans les deux cas c'est la même sommation faite à la langue de tenir (d'ouvrir) ses promesses distinctives. C'est aussi le même projet augural, où sont interrogés dans une unique diffraction syllabique la possibilité de la signification, le risque de l'insensé.

Cette fonction « originaire » de la rime, en tant que lieu de croisement de la paronomase et de l'antonomase, nous ne la trouvons sans doute désignée en clair que par accidents tout au long de l'histoire de la poésie. Mais, sous ses espèces les plus simples ou les plus complexes, elle rythme en sourdine la relance du discours en général, et elle resurgit comme irrépressiblement en telle occasion où la parole parle sa propre « origine ». Je pense à cette séquence d'*Exil* de Saint-John Perse, consacrée à la naissance du chant, et que gagne soudain une extraordinaire attraction

7. Pour reprendre les termes d'un débat qui a récemment opposé des théoriciens du vers sur la fonction de la rime : Benoît de Cornulier « La rime n'est pas une marque de fin de vers » (*Poétique* 46, avril 1981), et Jean Molino, Joëlle Tamine, « Des rimes, et quelques raisons... » (*Poétique* 52, novembre 1982).

pour toutes les formes du dédoublement, de la variation et du rapprochement phonétiques :

> « … *Toujours il y eut cette* clameur, *toujours il y eut cette* splendeur,
> […] *ha ! comme un gonflement de* lèvres *sur la naissance des grands* Livres,
> « *Cette grande chose* sourde *et qui s'accroît* soudain *comme une ébriété.*
> « … *Toujours il y eut cette* clameur, *toujours il y eut cette* grandeur,
> « *Cette* chose errante *par le monde, cette* haute transe *par le monde, et sur toutes grèves de ce monde, du même souffle* proférée *la même vague* proférant
> « *Une seule et longue phrase sans césure à jamais inintelligible…*
> « … *Toujours il y eut cette* clameur, *toujours il y eut cette* fureur,
> « *Et ce très haut* ressac *au comble de l'*accès, *toujours au faîte du désir, la même mouette sur son* aile, *la même mouette sur son* aire, *à tire d'aile ralliant les stances de l'exil, et sur toutes grèves de ce monde, du même souffle proférée la même plainte sans mesure,*
> « *À la poursuite sur les sables* de mon âme numide…[8] »

Rimes (*clameur / splendeur, clameur / grandeur,* etc.) ; assonances (*aile / aire…*) ; contre-assonances (*lèvres / livres…*) ; chiasmes consonantiques (*ressac / accès, de mon âme / numide…*) ; anagrammes (*chose errante / haute transe…*) ; les figures du signifiant les plus simples se compliquent, s'enchaînent, et s'accumulent dans cette amorce du chant, venant scander de leur accident final les grands parallélismes rythmiques qui scindent le discours à un autre niveau. Au moment précis où la voix interroge sa provenance, la texture du discours apparaît comme un balbutie-

8. *Exil*, III, Paris, « Pléiade », Gallimard, 1972, p. 126.

ment, comme un obsessionnel rapetassement phonétique, dont il faut, je crois, reconsidérer la portée. Effectivement, on y voit couramment la suggestion d'une analogie généralisée, d'une adéquation du monde à lui-même et des signes aux choses[9], voire même une soumission à «l'empire de la tradition» [10]. Et cette interprétation conduit souvent à dénoncer dans l'écriture poétique de Perse une esthétique de la conformité. Mais c'est faute d'y reconnaître le caractère essentiellement vacillant du distinctif, c'est faute d'en parcourir la coupure *dans les deux sens*. En fait l'euphorie des retrouvailles analogiques ne cesse d'y basculer en épreuve d'une pliure originaire de la matière sonore. La phrase ininterrompue de Perse clive et recoud indéfiniment la rumeur phonétique du chant. La parole s'y *enchante* de l'apparition/disparition du distinctif dans la matière chatoyante du verbe : c'est-à-dire que tout à la fois la mise en forme du chant procède de cet entraînement, de cet arrachement et de cette replongée dans l'arrière-gorge de l'articulation; et que la parole risque à tout moment de s'y fasciner à la répétition de son trébuchement productif, ou de s'y abîmer dans une indifférenciation chaotique.

Ce battement distinctif à valeur «originaire» est donc la marque du figural. Il n'est pas seulement réfléchi par les jeux sonores des figures du signifiant. Quoique sur un mode plus abstrait, il est impliqué par toute figure, fût-elle purement sémantique. Un

9. Ainsi R. Caillois écrit-il dans sa *Poétique de St-John Perse* (Paris, Gallimard, 1972) : «Le poète veille avec un soin particulier à choisir et à employer les mots de telle sorte que la connivence des significations se trouve comme authentifiée par l'écho des sonorités...» (p. 61).

10. C'est la lecture, un peu hâtive me semble-t-il, que fait H. Meschonnic (*Critique du rythme*, Verdier, 1982, p. 385) de l'attirance de Saint-John Perse pour le pair sous toutes ses formes.

trope, aussi bien que l'élémentaire *fort / da*, fait resurgir le distinct de l'indistinct par delà un moment d'aberration et de risque. Soit par exemple cette métaphore (de Perse encore, *Éloges* IX, pour décrire la perfection d'un matin de navigation) :

> – *O* spondée du silence, *étiré sur ses longues*

La figure identifie ici par un coup de force syntaxique (la relation appositive impliquée par le *du*) des représentations non seulement distinctes, mais franchement contradictoires. Le *silence* ne saurait être redécrit, renommé appositivement, comme un *spondée*, c'est-à-dire un pied rythmique à deux temps longs (– –), dont il exclut justement la manifestation. Et ceci en quelque sens qu'on comprenne l'article défini qui l'actualise. Si cet article a valeur générique (LE *silence* comme entité) la relation au *spondée* est d'exclusion absolue, aucun compromis ne semble pouvoir être trouvé entre les deux représentations ; si l'article sous-entendu a valeur déictique (CE *silence* circonstanciel), la relation au spondée est d'opposition partie-tout, puisqu'un spondée se compose avec *des* silences). Quoi qu'il en soit, la présentation syntaxique de la métaphore commence par confondre ce que la langue oppose absolument ou relativement. Elle nous expose à une phase d'obscurité du sens.

Attardons-nous d'abord aux formes de cette obscurité, aux zones conceptuelles dont elle brouille les limites. Si j'admets que LE *silence* « est » *spondée*, sur quels silences les temps marqués du rythme pourront-ils encore se détacher ? Le monde se suspend dans une plénitude arythmique ; et la parole qui voulait le présenter dans un comble de forme, en lui déniant tout vide, le fait tomber hors rythme.

Elle-même ne propose qu'une identification insensée… Si en revanche je comprends que c'est seulement CE silence qui «est» un *spondée*, alors à leur tour les silences qui ponctuent ce *spondée* ne doivent-ils pas être identifiés à des *spondées*, et ainsi à l'infini : l'instant alors se brésille en emboîtements de spondées et de silences, le rythme s'effondre infiniment en lui-même, et c'est une autre version des périls encourus par une parole qui a voulu forcer la distinction, situer la plénitude jusque dans son envers. Là encore elle nous conduit à l'impensable. Ce moment de désémantisation – ici extrême, autant oxymorique que métaphorique – est fondamental pour l'appréhension de la figure, et pas seulement, parce qu'il provoque à un calcul interprétatif qui réévaluera le sens du terme métaphorique. Avant d'être un point de rebondissement logique, ce temps de désémantisation nous ramène à une fréquentation sensible de ce qui doit être surmonté par le discours pour qu'il advienne – soit la forme particulière de confusion dont il émerge.

Ainsi chez Perse, la catastrophe sémantique que nous fait encourir la métaphore *spondée du silence* nous reconduit bien à la frange obscure de son chant : à ce lieu, que dément le chant lui-même, où monde et parole sont perçus comme une *unique* et barbare exclamation «sans césure à jamais inintelligible». Telle est la folie propre avec laquelle lutte la parole de Perse. Car, si le monde est déjà donné comme rythmé, le chant n'est plus alors que l'incompréhensible redondance d'une scansion mondaine qui ne lui laisse en réalité la place d'aucun déploiement. Heureusement, si l'on peut dire, dans l'imaginaire de Perse, la plénitude du monde est toujours déjà entamée, fissurée, et ce qui s'annonce dans cette fissure, c'est paradoxalement la parole qui dit cette plénitude. Et de même, dans la figuralité de la parole de Perse, le moment de confusion sémantique provoque à un sursaut distinctif, qui joue un rôle de dégagement « originaire ».

D'un pôle d'indistinction (« paronomastique »), qui assimilait *spondée* et *silence*, on passe, dans la réception de la figure, à un pôle d'hyperdistinction (« antanaclastique ») puisqu'un signifiant, *spondée*, se voit affecté de deux valeurs successives au cours du processus interprétatif. En l'occurrence, cette réévaluation est guidée par la détermination *étiré sur ses longues* qui délimite le champ analogique de départ entre *silence* et *spondée*. C'est sous l'aspect de l'« étirement » que le silence peut être redécrit comme *spondée*. Et l'orientation de la métaphore (qui fait du *spondée* le métaphorisant du *silence* et non l'inverse) n'est pas indifférente, elle est même ici fondamentale. Car ce qui fonde la possibilité d'une intuition du silence comme « étirement », intime distension dans la transparence du jour, c'est l'accès préalable à l'ordre symbolique de la scansion. Seul celui qui a rencontré en une langue les modes rythmiques (par exemple le dynamisme de l'iambe [υ–] ou de l'anapeste [υυ–], la déflation du trochée [–υ], l'égalité du spondée [– –]) peut éprouver quelque chose du silence, et ce quelque chose est d'abord l'arrachement du silence à lui-même.

La métaphore de Perse est donc deux fois réflexive de l'« origine », dans son battement tropologique et dans son effet de sens interprétatif. En cela elle illustre sans doute de façon particulièrement évidente le dégagement « originaire » dont elle est l'exercice en acte. Comme toute figure, elle ramène à l'émergence du distinctif (elle retrace dans la matière signifiante unique du mot *spondée* la possibilité d'une opposition de valeurs). Et en tant que telle, elle opère le même mouvement que la modulation discriminante du *fort-da* : dans une langue déjà donnée elle découvre la coupure distinctive qui en fonde la possibilité. Mais, contrairement à d'autres figures, la métaphore persienne renvoie aussi sur le plan des représentations à un analogue dégagement « originaire » : son effet de sens vise en effet la métamorphose d'un silence absolu en temps rythmique à partir de son exposition à un ordre de la scansion. Et de ce point de vue, son sens est très proche de celui du *fort-da* qui, à partir de la trouvaille du distinctif, convertit la béance absolue de l'absence maternelle en terme d'une opposition relative du proche et du lointain. Dans les deux cas se rejoue avec succès une passe impensable qui n'est autre que l'accès « premier » à la symbolisation. Cependant, parce qu'on est ici dans l'impensable, parce qu'aussi dans cette opération quelque chose s'est définitivement perdu (l'absolu d'une béance, la possibilité d'un monde silencieux), ce jeu n'a d'autre avenir que de chercher la confirmation de son succès dans la répétition. L'enfant est condamné à reprendre le geste du *fort-da*, et le poète à refaire le saut de la figuralité. Pas plus qu'un coup de dés n'abolit le hasard, une figure ne suffit à fonder « originairement » la langue. Chaque figure refait la boucle de l'« originaire », ramène la langue au lieu de son surgissement. Aussi la quête d'une figure « décisive », définitivement fondatrice, rejoint-elle l'effort rationaliste pour établir une langue purement littérale : c'est le même rêve d'une langue achevée, c'est-à-dire en fait morte, et que rien ne rappelle plus à son motif. Or il n'est de « langue vivante » qu'attelée au travail interminable de sa fondation, il n'est de « parole vive » que dans la mise à l'épreuve de la langue.

Il reste cependant à mieux comprendre en quoi cette dynamique originaire engage tout autre chose qu'une simple instrumentalité de la parole : nous qui parlons, nous qui entendons, nous sommes *essentiellement* intéressés au passage du figural, et pas seulement parce qu'il sert les fins d'un discours efficace ou parce qu'il anime une langue menacée d'inertie. Nous sommes suspendus à son succès, comme l'enfant du *fort-da* l'est au fil de sa bobine, parce que quelque chose de *notre* origine s'y risque. Ainsi une parole « originaire » n'est pas seulement réflexive de la langue, en un sens abstrait et désintéressé, elle l'est aussi, et simultanément, de l'avènement du sujet dans cette langue. Avènement incertain, rejouable à volonté, et dont le figural nous propose l'exercice infini.

LE FIGURAL ET LE SUBJECTIF[11]

Le sujet parlant est immergé dans une langue qui ne lui apparaît que par intermittences, – et lui-même s'oublie dans la fonctionnalité de ses gestes et de ses

11. Le commentaire lacanien du *fort-da* dans *Les quatre concepts fondamentaux de la psychanalyse* (V, 3 et XVIII, 2), a décisivement mis en lumière les implications subjectives de cet accès au langage. J'en rappelle les principaux éléments. Dans la béance qu'ouvre l'absence maternelle (et qu'induit toute approche du réel), choit quelque chose de l'enfant, un objet privilégié, « un petit quelque chose du sujet qui se détache tout en étant encore bien à lui, encore retenu » (p. 60) et que concrétise la bobine dans le jeu du *fort-da*. C'est à partir de cette « automutilation » que pourra se mettre en perspective l'ordre de la signifiance. Non pas donc à partir de l'absence maternelle, mais à partir de la « spaltung »

mots. Celui-là, que nous sommes, s'éveille pourtant à l'«approche d'un réel», c'est-à-dire de tout innommable qui creuse ou excède l'immédiat. C'est cette épreuve qui provoque au mouvement figural, amorce le projet d'une forme dans une distension de la langue, et ouvre alors le sujet parlant à son aventure. Car cette forme projetée est pour lui l'occasion d'un risque et d'une espérance absolus. Elle l'introduit à ce point utopique où la forme est déjà contemplable au-devant de lui, étrangère quoique liée encore à sa profération; où lui-même est sans lieu, désabrité de la langue, et suspendu au succès de la figure. En ce point, qui n'est donc pas seulement de mise en péril de la langue, mais aussi de suspens de la subjectivité, tous peuvent se retrouver, locuteurs et allocutaires, de part et d'autre de la proposition figurale. Parce

---

qu'elle a ouverte dans le sujet. Effectivement cette «spaltung» rencontre ou plutôt tombe sous le coup de la coupure oppositive des signifiants déjà disponibles dans la langue (la dichotomie des phonèmes [ɔ / α]), en sorte que le sujet s'y trouve transporté dans un mouvement qui est celui d'une aliénation et non d'une maîtrise. L'enfant ne s'«exerce» pas au *fort-da*, «car nul ne peut saisir cette articulation radicale» (p. 216), il est bien plutôt captivé par son exercice et transporté en lui au lieu de l'Autre. Ainsi s'explique à la fois le caractère vacillant et répétitif du jeu. Dans le lancer de la bobine, l'enfant n'est plus, que le *fort* d'un *da*, et le *da* d'un *fort*, en un insoluble ici *ou* là (mais c'est aussi par là qu'il devient un sujet, qu'il s'ouvre au manque, au désir et à la mort). Quant à la répétition dans le jeu, elle en appelle bien moins au *retour* de la mère, qu'à son *éloignement* car cet éloignement, cause de la *spaltung* dans le sujet, est aussi ce qui a ouvert à la représentation de la mère. Ainsi le discours du *fort-da* serait-il : «éloigne-toi afin que la possibilité de te re-présenter me soit à nouveau donnée», formule vouée par son contenu même à la répétition. Cependant, on touche peut-être ici au point le plus énigmatique du commentaire lacanien, car si nous comprenons désormais très bien le caractère répétitif de cette entrée dans la symbolisation, c'est le dépassement de la répétition qui nous devient opaque. Comment la parole, dès lors qu'elle se saisit comme production du sujet par accès à la signifiance, peut-elle surmonter la fascination de sa propre apparition? Comment d'une parole «originaire» peut-on passer à une seconde parole? Ou plutôt, et ceci nous ramène au figural, comment se fait-il qu'une parole puisse, et même *doive* en même temps se rejouer comme «originaire» et dire quelque chose du monde? Cette question inspire les réflexions qui suivent.

qu'aucun sujet n'y a encore lieu, l'existence de tous y est en jeu. Effectivement, ce n'est pas d'abord l'entente sur les représentations qui fait l'unanimité des sujets dans la communication figurale, mais leur propre mise en question dans la tension vers une forme. Sur le destin de la figure, son cheminement de sens particulier, nous pouvons diverger, chacun selon son imaginaire; mais nous sommes tous également requis par l'enjeu de la figure. De son succès dépend que chacun retrouve la possibilité d'advenir à lui-même dans l'éclair d'un sens. Et cette possibilité n'est jamais assez prouvée : il suffit d'une seule provocation figurale pour en faire vaciller la certitude. D'autant que la «consistance» propre du sujet parlant ne tient à rien d'autre qu'à cette suite rythmique d'éclairs où, dans la trouvaille, il se reconnaît exister. En ce sens encore, la parole figurale est «originaire», elle est tout entière occupée (pour reprendre ses mots à Perse) à «fêter *une* enfance» : celle d'une subjectivité, anonyme, transindividuelle et toujours à renaître.

Et cette subjectivité est aussi menacée par l'échec que par le succès de la proposition figurale, quoique différemment. À vrai dire, une proposition figurale n'échoue jamais, mais seulement, en elle, des sujets. Même incomprise, apparemment sans avenir, elle demeure, comme une réserve formelle de la langue, comme un site ouvert à la subjectivité. De si loin qu'elle vienne, elle est toujours susceptible de trouver son destinataire, de heurter sa circonstance. Et c'est précisément cette réserve de la parole que nous interrogeons douloureusement dans l'incompréhension de la figure. D'elle ou de nous, l'un ne vient pas à son heure, et dans cette méprise le monde se défait. Effectivement, notre incapacité à rejoindre la proposition figurale n'est pas seulement affaire de crise du sens ou de mise en doute de la parole : il s'y éprouve une néantisation du «je», non plus dans la transparence de l'entente commune où ce «je» avait son lieu, mais dans l'étrangeté ressentie face à une forme apparemment sans lien avec lui, et qui subsiste malgré tout. Notre seul choix est alors de rompre, de rejeter le tout d'un discours qui a semblé vouloir nous évincer. Mais cela ne va pas sans coût : le monde y a gagné une obscurité tacite qui nous met à part, et notre espoir d'avènement à la forme est devenu douteux; seule une autre passe figurale saura nous tirer du manque à être où nous sommes laissés…

Tout autre est notre confrontation au succès de la figure. Le monde s'offre à nous dans une «épiphanie» qui semble autant de la parole que des choses. Mais dès que nous nous retournons sur cette coïncidence, elle se disloque. Et tout n'est plus qu'incertitude. L'entrecroisement d'aspects que la figure vient de faire surgir dans le réel, par ses jeux de tensions était-il déjà là en puissance? Ou tombons-nous dans l'erreur de prendre l'effet après-coup d'une forme pour ce qui la précède? La syncope temporelle que nous éprouvons signe en tout cas le passage du figural. Et, faute de saisir cette syncope en propre, nous pouvons au moins revenir au dispositif qui l'a suscitée et essayer de comprendre quelle qualité spécifique a permis à telle forme de «passer» et ce qui a été notre aventure en elle. Discursivement, la proposition figurale est «bien venue», on l'a vu, lorsqu'elle esquisse elle-même un passage à la limite : sa convertibilité en forme de langue. Or, dans ce mouvement, nous sommes en tant que sujets la proie d'un destin contradictoire. Car d'une part notre geste discursif se dépasse, s'émancipe de sa circonstance et voit sa valeur s'accroître à l'infini en s'universalisant, mais d'autre part il se coupe de nous comme prolongement sensible, son pro-jet nous échappe, happé par le distinctif, transporté « au lieu de l'Autre ». En sorte que cette apothéose est aussi dépossession et catastrophe. « J'eus l'impression d'être précipité jusqu'à terre d'un prodigieux sommet de gloire[12]. » Ceci, chacun pourrait le dire de sa rencontre du figural. Gloire d'avoir ébauché son passage en langue, abordé un point absolu de légalité et de partage formel ; atterrement d'avoir perdu dans le succès du dire le réel dont le dire se dégageait, de se découvrir clivé par le dinstinctif dans l'égarement d'un ici *ou* là. Ainsi, dans l'éclair figural, le sujet parlant se produit d'emblée extatiquement, triomphant de sa perte…

La parole la plus « heureuse », au double sens de la réussite formelle et de l'énoncé du bonheur, en porte la trace « comme le cheminement d'une fêlure dans une porcelaine[13] ». Et puisque Perse nous a accompagnés tout au long dans cette réflexion sur la parole « originaire », il faudrait retourner à son propre départ, il faudrait montrer comment chacun de ses *Éloges*, qui affirme la plénitude du jour dans l'enfance, est en fait déjà marqué d'un pli où cette plénitude se dénonce ; il faudrait reconnaître dans ce pli la syncope figurale car on peut aussi bien y voir l'annonce du dire au sein de l'immédiat que la signature du dire rayant rétrospectivement l'imaginaire de l'enfance. Souvent, dans le recueil, ce pli semble extérieur au sujet. Il apparaît

12. C'est en ces termes que Raymond Roussel décrit l'échec public de sa première œuvre, dans *Comment j'ai écrit certains de mes livres*, Paris, Pauvert, 1963, p. 29.

13. R.M. Rilke « Huitième élégie » (trad. Lorand Gaspar, in *Œuvres* 2, Paris, Seuil, 1972).

dans le réel comme un miroitement à la crête du présent. Et de cette réflexion s'éveille l'instant hors du «mélange» du monde :

> Le pont lavé, avant le jour d'une eau pareille en songe au mélange de l'aube, fait une belle relation au ciel… (V)
> Un peu de ciel bleuit au versant de nos ongles… (VII)
> … Tout l'intime de l'eau se resonge en silence aux contrées de la toile.
> Allez c'est une belle histoire qui s'organise là… (IX)

Mais ces miroitements, où un monde encore confus s'arrache à lui-même en faisant sa «relation», ne sont que la projection dans le sensible des pliures du dire. Ainsi celle que constitue l'apostrophe «Enfance, mon amour !» véritable refrain du recueil : elle sépare la subjectivité d'elle-même, l'institue en objet de désir dans le mouvement même où elle l'appelle et l'évoque (à moins que, non moins crucialement, elle n'arrache l'enfance à toute chronologie réelle pour en faire l'ouverture même du désir et alors «amour» se comprend non plus comme objet, mais comme faculté de s'ouvrir, de «céder» au présent d'une forme). Soit encore cet énigmatique adverbe qui, dans «Allez c'est une belle histoire qui s'organise *là*», utopise le lieu de la parole : tout l'espace référentiel de l'enfance s'y replie dans celui où il se déploie verbalement ; tout comme le temps révolu de l'enfance se résorbe (et se perd une deuxième fois) dans l'éternel présent de la parole qui le dit. L'énonciation du bonheur est ainsi distendue chez Perse entre l'actualisation de sa perte et son éternisation représentative, et le point originaire où l'une et l'autre s'entrecroisent n'a d'autre nom qu'«enfance». En cela, l'œuvre en son départ témoigne qu'elle procède tout entière de l'extase de la subjectivité qu'a suscitée la rencontre de la parole.

UNE ÉNERGÉTIQUE DISCURSIVE

La parole « originaire » réfléchit donc le battement distinctif, elle rejoue l'aventure du sujet dans l'avènement linguistique. Mais elle remonte même en deçà et retrouve une force de frayage qui « a dû » permettre au « premier » discours de surgir, en un mouvement hétérogène à toute langue. C'est par là qu'elle échappe à la fascination pour sa propre forme et ressource le figural à bien autre chose qu'une réflexion de ses conditions de possibilité : une énergétique discursive.

Revenons encore une fois au *fort-da*. On l'a vu l'opposition [ɔ / ɑ] est prélevée sur un ensemble de traits différentiels non pertinents au plan de la distinction linguistique pure : l'étirement/resserrement vocalique de la première à la deuxième syllabe, la modulation du monotone au joyeux, à quoi il faudrait ajouter l'orientation du *fort* au *da* (puisque aussi répétitive soit-elle la séquence est parcourue toujours dans le même sens). Et si, pour les besoins de l'analyse, nous nous en tenons à l'antériorité (logique) de ces différences sur l'opposition, cette profération pré-linguistique nous apparaît comme *un enchaînement de moments quasi corporels différentiellement investis.* « Quasi corporels », car, comme l'illustre la projection de la bobine au bout de son fil, le flux vocal a un statut ambigu de prolongement corporel et d'expression détachée (quoique réincorporable dans l'audition). Ce qui est répété en lui, « avant » toute coupure oppositive, c'est une dénivellation intensive qui traverse la profération enfantine. Sans doute pourrions-nous être tentés d'y voir une « réponse » presque réflexe à l'absence maternelle, un recreusement interne qui tend vers son comblement, la simple réduction intéroceptive d'une tension; mais c'est déjà tout autre chose : la transposition *dans l'espace médian du flux vocal* d'une différentialité, d'une préférence, d'un «ceci plutôt que cela», «proche plutôt que lointain». En sorte que le *fort-da* n'effectue pas une réduction de tension corporelle, mais son transfert à une accentuation différentielle de représentations où déjà se réalise leur mise en perspective.

Cette différence d'emphase au sein de l'unité d'une visée ouvre la possibilité du discours. Elle en est comme l'archi-forme. Cependant rien dans le *fort-da* ne permet de situer cette archi-forme dans une antériorité à l'opposition elle-même. L'une et l'autre se présupposent réciproquement. Et tout aussi bien la différenciation peut passer pour le commentaire après-coup, ou la mise en perspective d'une opposition reçue en langue. Cette indétermination temporelle et logique est la marque d'une parole «originaire». Aussi ne s'étonnera-t-on pas d'en retrouver trace dans le figural.

Effectivement le figural présente le paradoxe de relancer *dans l'énoncé réalisé* la dynamique différentielle que nous avons reconnue à l'origine du discursif. Le figural rappelle ainsi le discours à son motif, alors que son élaboration logique et syntaxique tend à effacer le processus de son surgissement. Plus un énoncé se clôture dans la complémentarité de ses termes, plus il nous apparaît «venu de nulle part», toujours déjà constitué. Nous n'apercevons plus comment il a pu être l'objet d'un acte d'énonciation réel (c'est-à-dire motivé par un désir d'appropriation), et nous n'en avons nous-mêmes qu'une appréhension neutre et désintéressée. Or le figural réintroduit dans l'énoncé réalisé une différence qui l'inachève. Tel est l'effet de la «réalisation» rythmique de l'énoncé, de la captation des signes actualisés par les réseaux de l'équivoque et de l'homologie. Du point de vue figural, la représentation sémantique n'est pas simplement «associable» à des formes phonologique ou syntaxique : elle se délivre sur un mode tensionnel. Tout en effet dans l'énoncé n'a pas même statut sémantique. Un partage s'opère entre un cadre de relations «déjà opérées» (linguistiques) et un foyer de relations prospectives (figurales). Et ces dernières sont marquées d'une emphase particulière : leur suspens met en péril le tout de l'énoncé et lui confère une valeur énigmatique. De sorte que le discours apparaît à nouveau comme pro-jet, frayage discursif – et bien loin que nous en ayons une connaissance purement abstraite et extérieure, nous y avons part, car cette différence prend d'emblée la forme d'une sommation interlocutoire. Nous sommes directement requis de faire advenir le discours à lui-même, et, pour autant que nous assumons la dynamique de cet avènement, se réduit du même coup l'intervalle qui nous séparait du locuteur, qui nous tenait à distance de lui dans la langue. Répondre au figural, c'est donc d'un même battement frayer sa voie au discours et se transporter au lieu linguistique d'un autre.

En deçà même de toute perspective interlocutoire, la tension figurale apparaît essentielle au discours : elle est au principe de ce dernier, du mouvement qui l'aventure vers son autre. Aucune visée désignatrice ne serait sans doute pensable sans elle, car la désignation suppose non seulement une corrélation entre signes et «choses» ou «faits», mais une orientation des signes vers eux. Or c'est le figural qui donne forme à cette orientation, l'anime de sa propre dynamique, en tournant les signes vers leur envers mondain. De même le figural témoigne de la capacité d'ouverture du discours. Il est pour une langue l'indispensable moyen de maintenir ouvert le champ de la désignation, c'est-à-dire d'accueillir la nouveauté d'un événement du monde, de rendre compte de son indescriptible non par une réduction aux significations admises, mais par un réaménagement du système linguistique.

Le détour par la parole «originaire» du *fort-da* nous aura donc enseigné ceci qu'en même temps qu'on parle, la langue, le sujet et la parole même sont en débat. Non sur le mode d'une spéculation gratuite et désintéressée, mais comme la seule voie d'accès au mouvement de la parole. Les discours seraient des formes parfaitement closes et inappropriables, si le figural ne re-produisait pour nous la possibilité de les investir. Possibilité sans cesse oubliée dans l'indifférence à ce qui se dit et ne nous semble pas adressé, ou dans la familiarité des mots trop fréquentés et qui nous paraissent émaner de nous-mêmes. Tout nous est ainsi prétexte à repousser le heurt, la rencontre d'une parole. Mais bien des formes nous reconduisent malgré nous à elle. Ainsi les «formes fixes» entretenues par les traditions rhétoriques et poétiques n'ont d'autre but que d'apprivoiser notre fuite, et, par-delà tout sujet, de tenir la parole en éveil. C'est l'une de ces formes, parmi les plus insistantes, le vers, que je voudrais à présent approfondir dans sa logique figurale, c'est-à-dire dans sa prédisposition à configurer des événements dans la parole.

IV. DU VERS AU DISPOSITIF

Ce chapitre vise à reconnaître dans le vers un dispositif inépuisable de figuralisation, et qui témoigne dans la parole d'un souci persistant de l'événement. Projetant sur les relations proprement linguistiques du discours une forme hétérogène (dans notre tradition un jeu de nombres syllabiques, ailleurs une formule quantitative ou accentuelle), le vers en opère la *différenciation*, au sens défini plus haut (chap. II). C'est-à-dire qu'il fait entrer l'agencement syntaxique en tension avec des rapports sensibles. Par là, le vers, comme toute figure, produit des effets esthétiques qui affectent la réception du discours et provoquent eux-mêmes à des procédures interprétatives. Son originalité figurale réside cependant dans son ambition totalisatrice. Le vers cherche à accomplir un « éveil » généralisé de la parole, en fournissant des dispositifs de figuralisation *toujours* disponibles (dans la mémoire des traités de métrique) et extensibles à *tout* le discours (chaque syllabe étant métriquement engagée dans le jeu figural).

Par là, le vers déploie toute l'événementialité du figural. La logique de sa forme nous montre plus clairement qu'aucune autre en quoi le figural implique, pour imposer l'inédit de ses significations, un retour « originaire » sur la langue et sur le mouvement discursif «premier». On verra que le vers, par sa structure même, est l'agent nécessaire d'une telle représentation. Et de même, le vers dramatise l'extase subjective qui marque, on l'a vu, tout accès à la parole, et que ranime la relance figurale de la parole. On prendra comme un symptôme de cette situation les inquiétudes modernes sur l'«authenticité» de la parole en vers[1]. On réfléchira finalement à la conscience nouvelle du figural dont sont porteuses les formules contemporaines de «dépassement» du vers.

LA FORME VERS

La meilleure définition du vers (à la fois la plus économique et la plus générale) me semble être celle qui fait de lui une structure de discours où est assurée la possibilité de l'enjambement, c'est-à-dire d'une disjonction entre limites syntaxiques et limites formelles[2]. Une telle définition dessine bien les contours

---

1. Ainsi Philippe Lejeune exclut-il la possibilité d'une autobiographie en vers au nom d'un principe de vraisemblance : «... le récit en vers porte déjà à la simple lecture les "signes extérieurs" de la fiction et de l'art, du moins pour un lecteur de l'époque moderne, et empêche le lecteur d'entrer dans le jeu autobiographique» (*L'Autobiographie en France*, Paris, Colin, 1971, p. 31). Le vers serait donc incompatible avec l'authenticité du témoignage vécu, en fictionnalisant tout le discours. On verra plus loin comment on peut prendre les choses à l'inverse et considérer qu'au contraire le registre du vers restitue son authenticité à l'«écriture de la vie».

2. Cette définition ne présente rien de singulier. Elle est admise à titre de conclusion par Jean-Claude Milner dans ses «Réflexions sur le fonctionnement du vers français» (*Ordres et raisons de langue*, Paris, Seuil, 1982) : «Il y a vers dans une langue dès qu'il est possible d'insérer des limites phonologiques sans avoir égard à la structure syntaxique.» (p. 300) Et Milner poursuit : «Si une telle définition est reçue, il en suit une conséquence : la notion d'enjambement; qui n'est rien d'autre que la possibilité d'une contradiction entre limite syntaxique et limite poétique, se trouve analytiquement contenue dans celle de vers.» (*ibid.*) Bien que Milner s'en tienne au vers régulier, il est aisé d'étendre sa définition au vers libre en remplaçant «phonologique» par «typographique». À cet

de la forme vers en même temps que ses lignes de fuite. Effectivement, il suffit pour qu'il y ait vers que soit réservée la *possibilité* de la disjonction, mais non nécessairement qu'elle soit réalisée. Cependant, à terme, le suspens indéfini de cette possibilité ruine le vers : J. Roubaud a ainsi bien montré dans *La vieillesse d'Alexandre*[3] comment le « classicisme du vers libre », c'est-à-dire la parfaite concordance de la ligne typographique et des ensembles syntaxiques, répondait au « classicisme de l'alexandrin » et faisait peser sur le vers une analogue menace de disparition. Disparition

égard on peut s'inspirer de sa distinction entre *mètre* et *vers* : « une séquence poétique n'est pas seulement un mètre, composé de parties distinguées, mais aussi un vers, c'est-à-dire un certain espace à l'intérieur duquel des processus spécifiques peuvent être définis et dont les bornes extérieures ont des propriétés caractéristiques. » (p. 285).

Je lis de même récemment sous la plume de Giorgio Agamben (*Idée de la prose*, Paris, Bourgeois, 1988, p. 21) : « ... à coup sûr on qualifiera de poésie tout discours dans lequel il est possible d'opposer la limite métrique et la limite syntaxique (tout vers dans lequel l'enjambement n'est que virtuel devenant un vers à enjambement zéro), et à coup sûr de prose tout discours dans lequel l'opposition est impossible ».

En revanche, Benoît de Cornulier dans sa *Théorie du vers* (Paris, Seuil, 1982), lie la notion de vers à celle d'égalité métrique entre séquences de nombres syllabiques. Il n'y a donc pour lui de vers que dans le « vers à vers » particulièrement lorsque ce rapport est concrétisé de façon immanente dans le contexte. Sa théorie a le mérite de distinguer clairement entre mètre (séquence simple ou composée de nombres syllabiques) et rythme, mais l'inconvénient de réduire le vers au vers métrique. Loin de faire la « théorie du vers » que son titre annonce, il extrapole à partir de constatations empiriques sur le vers classique, et ne saisit pas la communauté de structure entre vers métrique et vers libre. Il peut ainsi écrire : « le vers libre étant le vers *libre des régularités métriques* (si on donne à *métrique* son sens précis), il est prévisible qu'une définition du vers *métrique ou libre*, c'est-à-dire *métrique ou non métrique*, ne saisira jamais la propriété essentielle du vers classique, et se réduira à une définition de cet insaisissable qu'est le vers libre » (p. 38).

Quant à Jean Mazaleyrat, dont les *Éléments de métrique française* (Paris, Colin, 1974) constituent pourtant le manuel le plus courant de versification française, il donne du vers une définition franchement inacceptable (« Un vers (ou mètre) est composé d'abord d'un système de mesures rythmiques fondé sur une série de rapports perceptibles des parties entre elles et des parties au tout. » p. 16), confondant tout à la fois rythme et mètre, mètre et vers.

3. Paris, Maspero, 1978.

inverse cependant dans les deux cas : car c'est dans la forme des groupements syntaxiques que se dissout la ligne typographique du vers libre, tandis que la forme métrique l'emporte dans l'alexandrin classique en taillant à ses mesures la réalisation syntaxique. C'est aussi que chacune de ces concordances vise un but différent : manifester l'énoncé comme une unité de figuration dans le cas du vers libre, géométriser une syntaxe trop lâche dans le cas de l'alexandrin classique. Quoi qu'il en soit, ces moments de stase du vers en lui-même éclipsent sa structure virtuelle d'enjambement plus qu'ils ne l'entament : pris eux-même dans une historicité très circonstancielle, ils ne parviennent jamais à exténuer le jeu du vers, qui est essentiellement lié à celui de la parole. Ce jeu, essayons d'abord de l'identifier plus précisément en examinant quelle forme y replie le discours sur lui-même.

La forme métrique est susceptible de réalisations très diverses selon les types de versification, mais ces variations sont elles-mêmes directement liées à la forme des langues où elles apparaissent. Toute forme métrique accomplit en effet une *mimésis* des formes phonologiques de la langue, au sens d'une schématisation, d'une conversion de ses unités en leur propre épure[4]. Ainsi voit-on le vers français, par exemple,

4. Peut-être pourrait-on à partir de là nuancer les propositions de J.-Cl. Milner dans *Dire le vers* (Paris, Seuil, 1987) : «le vers français est entièrement homogène à la langue française, les règles qui le gouvernent étant entièrement dérivables de règles existant par ailleurs dans la langue» (p. 11). Car c'est cette «dérivation» qui fait toute la différence entre le même et le même, c'est elle qui confère au vers sa capacité de re-présentation de la langue. Or, c'est peut-être de là qu'il faut partir pour ériger des préceptes de diction. «Dire le vers», c'est peut-être moins résoudre par les compromis les plus rationnels les conflits entre langue et vers, que faire entendre la tonalité mimétique (abstraite, schématisante) qui frappe uniformément le discours du vers.

« idéaliser » l'équivalence de toute durée syllabique à toute autre (à l'instar du système phonologique qui néglige les réelles différences de longueurs vocaliques) et abstraire l'énoncé en une pure séquence numérique d'unités. La forme métrique n'est donc pas arbitraire, elle puise dans les ressources distinctives de la langue, et en tire une forme générale qu'elle impose aux éléments du discours, quitte à négliger les nuances de réalisation de ce dernier[5]. Mais le schème métrique n'opère pas seulement la *mimésis* des formes élémentaires de la langue, c'est aussi une épure de l'énoncé minimal réalisé, dans ses dimensions et dans sa structure. Les différents mètres au sein d'un système de versification dessinent chacun, en une « moyenne étendue de mots » (Mallarmé), la mesure de l'énoncé dans chaque registre de discours. Bien entendu, cette mesure est abstraite et « irréaliste » – tout comme l'était le traitement des données phonétiques de la langue. Le mètre dominant d'une époque (par exemple l'alexandrin du XIXe siècle) ne reproduit donc pas la longueur concrète des énoncés selon lesquels, statistiquement, « on parle » à la même époque. Il résulte d'un double degré de transposition mimétique : abstraction des longueurs réelles des énoncés selon une idéalité de réalisation, élection d'un registre qui *représente* tous

---

5. De même, on voit les métriques quantitatives schématiser les ressources distinctives dominant d'autres types de systèmes phonologiques : ainsi la versification latine arithmétise les oppositions quantitatives (∪ / –) phonologiquement en usage, en faisant d'une longue l'équivalent de deux brèves (ce qui ne correspond évidemment à aucune réalité phonétique), et les séquences métriques qu'elle propose sont non plus numériques mais quantitatives. Le lien nécessaire de la forme métrique à la langue apparaît clairement, lorsque des données phonologiques ou phonétiques d'une langue se transforment : alors la métrique change elle aussi. Ainsi voit-on en bas-latin, lorsque les oppositions quantitatives cessent de jouer un rôle phonologique, le vers se numériser, préfigurant ainsi le vers français.

les autres et auquel ils se mesurent[6]. Tel est bien le rôle de l'alexandrin français du XIXe siècle qui garde de sa caractérisation ancienne («vers héroïque» chez Ronsard) une valeur d'élévation, mais qui, par ailleurs, devient la mesure-étalon de tous les autres mètres, au point qu'à la fin du siècle le jeu de transgression métrique ne pourra se faire que par rapport à lui.

Il y a dans la forme du vers, une *mimésis* non seulement, des unités élémentaires de l'énoncé, de son «étendue», mais aussi de sa structure. En effet, en tant qu'ajointement d'hémistiches de part et d'autre d'une césure, le vers re-présente ce qu'on pourrait appeler le «paradoxe articulatoire» ou

6. Ceci pour répondre à l'objection réaliste de B. de Cornulier, *op. cit.* p. 97 : «Il n'est guère [plus] sérieux de justifier la longueur de l'alexandrin et la rareté de vers plus longs par référence à la "longueur moyenne" des phrases en français : les phrases françaises n'ont pas une "longueur moyenne" identifiable avec précision, en dehors de cette explication même. En auraient-elles une en prose qu'on ne voit pas pourquoi la poésie standardiserait par principe la "moyenne" prosaïque. D'ailleurs, même dans la poésie classique, plus de la moitié des alexandrins, me semble-t-il, ne coïncident pas exactement avec une phrase…» Le vers ne reproduit pas une «longueur moyenne» des «phrases» (Cornulier ne précise pas s'il entend par «phrase» la phrase complexe ou la phrase minimale), il schématise une idéalité de l'énoncé, ce qui est tout différent. Quant à la poésie, elle n'a pas vocation de «standardisation» de la prose mais de représentation du discours.

Il est vrai cependant que la justification précise des longueurs des mètres dominants en telle ou telle langue reste problématique. On peut cependant raisonnablement penser que chaque état de langue produit un schème imaginaire de l'énoncé relativement stable. Ainsi s'expliqueraient certains ajustements de la longueur du mètre dominant en fonction de l'évolution phonétique. Par exemple, lorsque le e caduc s'amuit en français, on constate que la dimension idéale du «grand vers» semble s'allonger (passant du décasyllabe à l'alexandrin) : c'est que le décasyllabe à e caducs amuis s'est phonétiquement abrégé, et le seul moyen de conserver sa dimension au grand vers est d'en augmenter le nombre de syllabes (dans l'alexandrin «héroïque» de Ronsard).

Dans le cas du moderne vers libre, la *mimésis* ne porte plus sur les données phonologiques de la langue, mais sur sa réalisation écrite, elle s'épure jusqu'à n'être plus que la re-présentation de l'énoncé dans l'idéalité d'une ligne typographique (de longueur aléatoire). Pour s'être encore abstraite et «appauvrie», cette valeur mimétique du vers libre n'en demeure pas moins.

« syntaxique » : la synthèse des parties du discours par-dessus un vide qui devient le pivot de leur unification. C'est la césure qui fait du vers une unité de « compréhension » parce qu'elle contraint à saisir ensemble ce qui autrement se donnerait comme simple série linéaire ou comme suite de fragments. La césure déchronologise le vers, y produit un reflux interne et l'institue en totalité synthétique. Le vers césuré schématise ainsi la forme élémentaire du discours (sujet / prédicat). L'acte poétique qui unit des formes sur un point de rupture, qui fait « tout » tenir (tout ce qui pourrait tomber de part et d'autre) sur un « rien », anticipe ainsi le geste syntaxique premier. La césure n'est donc pas simplement rationalisable comme une pause pour locuteur essoufflé, ainsi que nous l'expliquent traditionnellement les métriciens, ni même comme une pure limite mémorielle pour l'évaluateur d'équivalences numériques selon la version plus récente de Benoît de Cornulier[7] : elle est la projection dans un pur espace formel de l'acte syntaxique de « mise ensemble ».

7. Il est vrai qu'en français les vers de huit syllabes et moins sont non césurés. Ce que Benoît de Cornulier explique par la toute-puissante « loi des huit syllabes » garantie par des tests « psychométriques » : « en français, la perception instinctive et sûre du nombre syllabique exact est limitée selon les personnes, à huit syllabes, ou à moins. » (p. 90) La césure dans les grands vers serait donc la conséquence de limites perceptives qui n'autorisent que la reconnaissance entre des égalités de séquences numériques de moins de huit syllabes. Quoi qu'il en soit de cette loi, elle n'explique pas le privilège accordé dans toutes les formes dominantes du vers français à l'ajointement binaire de séquences métriques (car les vers non césurés sont la plupart du temps des vers mineurs, qui soutiennent mal des œuvres d'envergure ou entrent en composition avec des vers césurés). La question est en effet de savoir ce qui se représente électivement du vers à travers cette « composition », et non pas seulement de la réduire à des justifications physiologiques après-coup (justifications qui rendraient compte tout aussi bien de faits contraires : qu'il ne peut exister de vers de plus de huit syllabes en français, ou que les vers courts dominent la versification française parce qu'ils sont particulièrement perceptibles...).

Par tous ces caractères la forme vers apparaît donc comme abstraite des formes du discours. Cependant, pour le sujet qui s'en empare, elle est toujours une forme *a priori*. Ceci ne signifie pas seulement que, sur un plan factuel, elle est traditionnellement reçue : on versifie selon des modèles métriques, voire antimétriques, mais toujours en référence à des schèmes admis. Mais c'est à un a priorisme beaucoup plus fondamental que je pense, et dont le précédent ne fait que découler : le «parler en vers» présuppose la forme idéalisée du discours, en fait l'espace d'une visée et y *mesure* sans cesse ses propres réalisations. La forme vers est au-devant de la parole, elle est son projet même. Sa concordance effective avec les contours l'énoncé peut masquer mais non annuler cet a priorisme qui, dans la dynamique énonciative lui confère une fonction d'appel et d'anticipation, avant d'autoriser un retour du discours sur lui-même.

LA VERSURA

À ce mouvement, on peut restituer le nom ancien de *versura*[8]. C'est bien là, comme le dit Giorgio Agamben, ce qui constitue le «noyau» du vers, quoique les traités de métrique en ignorent tout. Or il n'y a rien d'étonnant à ce mutisme : avant de se monnayer en accidents métriques repérables formellement, la *versura* (ou «la tourne» selon l'expression de

8. *Op. cit.* p. 23. En fait je situe le sens du terme un peu «en-deçà» de ce qu'y entend Giorgio Agamben. Pour ce dernier, la *versura* est la tension syntactico-métrique telle que la révèle l'enjambement dans le passage vers à vers, tension où se révèle une hésitation entre vers et prose. Pour ma part, le mouvement de retournement me paraît impliqué par le vers lui-même, sans qu'il soit nécessairement illustré par l'enjambement.

Jacques Reda) est de nature phénoménologique. Elle n'est pas seulement le retour du sillon d'écriture dans le passage vers à vers (dont on sait que la forme archaïque fut « boustrophedon », c'est-à-dire orientée alternativement de gauche à droite et de droite à gauche), elle est impliquée par le vers lui-même, saisi comme unité. Car en tout vers l'énoncé se confronte à sa forme idéale, et revient ainsi à lui-même, fût-ce dans la concordance syntactico-métrique. Littéralement, l'énoncé métrifié *se mesure à son projet*, ce qui se traduit matériellement par le décompte instantané de l'oreille, ou plus laborieux des doigts. En tout cas, il aura fallu pour s'assurer de sa métricité, reprendre la syllabation depuis son commencement et se la repasser « au ralenti » – ralenti quasi immédiat mais qui suffit à scinder la présence à soi de l'énoncé. Et dans ce mouvement ce qui se sera fait entendre, du même coup, c'est *l'allure* phonologique de la langue (sa rythmicité, mais aussi sa tessiture propre), cette allure devenue inaudible aux sujets parlants, distraits qu'ils en sont par le flux des représentations discursives. C'est en reprenant le décompte de l'énoncé qu'on fait ainsi défiler la forme de la langue : réflexivité de la langue et réflexivité de la parole sont réciproquement impliqués par la *versura* qui sillonne l'espace du vers.

Le poème matérialise, déploie et complexifie à l'infini le jeu de la *versura*. Il en fait son principe constructif, multipliant les réseaux de rapports vers à vers, par des structures d'échos rimiques ou métriques. Alors la forme à laquelle se mesure l'énoncé apparaît moins comme un schème abstrait des formes de la langue que comme celui qui se dégage du contexte même dans le jeu de ses dédoublements.

Sans doute peut-on, à partir de là, être tenté d'en conclure que le vers isolé est inconcevable. Mais c'est à la fois oublier le principe du vers et ses développements modernes. Au principe du vers, il y a ce retour de la parole réalisée sur son projet formel esquissé. Et de ce point de vue la coïncidence de la *versura* avec la forme du poème versifié ne présente rien de nécessaire : elle n'est qu'accidentelle ou illustrative. Le vers libre moderne[9] n'oublie pas le jeu de la *versura* : en le dégageant de tout parallélisme formel, en le dépouillant de toute confirmation contextuelle, il lui restitue sa pureté première. Chaque occurrence du vers libre tente d'instaurer la *versura* dans l'apparente coïncidence de la parole avec elle-même. Chaque vers se veut une « unité de pensée »[10] qui, au coup par coup, se mesure à l'espace de son déploiement typographique, ainsi qu'en témoigne l'élasticité de la ligne. Il faut cependant admettre que, si aucun enjambement typographique ne vient jamais révéler par sa discordance le dédoublement du vers en projet et réalisation, on finit par perdre de vue le jeu de la *versura*, la parole retombe dans l'immédiateté et l'oubli de soi-même.

9. Je simplifie évidemment beaucoup. Le vers libre moderne, en ses débuts chez Jules Laforgue ou Gustave Kahn, se cherche à travers des formes très différentes et souvent contradictoires. Il se veut tantôt monologique, expression pure et quasi sismographique d'une pensée ; tantôt polyphonique, au sens où il serait une forme capable de se rythmer et se dérythmer instantanément et donc d'englober toutes les différences de genre et de registre. Tantôt il cherche son unité dans sa cohérence syntaxique, tantôt dans une construction musicale (souvent étendue à la strophe). Par voie de conséquence, il est tantôt résolument non enjambant, tantôt indifférent à la question de l'enjambement. Toutes ces contradictions apparaissent bien dans « Les premiers poètes du vers libre ».

10. Selon l'expression de Dujardin, *op. cit.*, p. 114, qui poursuit : « Le vers peut être considéré comme une unité formelle correspondant à une unité intérieure et caractérisée par l'unité de signification, l'unité de vision, l'unité musicale... »

La *versura* est donc la part occulte du vers. Dévoilée par les intermittences rares de l'enjambement, elle peut demeurer longtemps inapparente dans l'adéquation à soi du vers et de l'énoncé. Elle se dissimule d'autant mieux qu'elle construit visiblement l'espace matériel du poème. Ainsi, dans les jeux vers à vers de la strophe complexe, la *versura* se captive à ses virtualités architecturales : elle se convertit en démultiplication de parallélismes, jeux d'échos à distance, du vers à son couplage rimique, du distique masculin à sa réplique féminine, de la strophe à l'antistrophe. Elle transpose la réflexivité interne du discours en d'infinis jeux de miroirs contextuels où le discours s'enivre de se déplier à partir de lui-même. Ainsi en se *réalisant* formellement, la *versura* se fait oublier comme mouvement « originaire ». Et de façon analogue, elle s'éclipse là où l'on s'attendrait qu'elle se manifeste avec le plus d'éclat : à tel moment du vers qui met à l'honneur l'enjambement. Car alors ce qui obnubile la versification, c'est bien moins la révélation fulgurante d'un intime repli du discours sur lui-même que l'infinie ressource sémantique offerte par cette discordance. Le vers décline donc tous les aspects du figural (fugacité événementielle, capacité réflexive, productivité sémantique) par le rendement de ses caractères propres.

VERS ET FIGURALITÉ

Effectivement, on reconnaît dans le vers le dispositif que nous avons analysé à propos de telle ou telle figure, mais étendu au tout du discours. Projetant régulièrement sur le flux discursif une structure formelle (par exemple une séquence de nombres ou une ligne typographique), le vers en suspend virtuellement n'importe quel développement syntaxique. La tension est alors entre limites métriques (début de vers, césure, fin de vers) et limites syntaxiques. Les positions métriques constituent autant de ponctuations qui clôturent en chacune de leurs occurrences un espace de sens (ou de présomption sémantique), fût-il apparemment inachevé ou inconsistant. La forme vers induit donc un rythme spécifique des représentations : les limites métriques n'entraînent pas seulement le retour régulier de marques formelles mais aussi une distribution régulière de points de réintégration sémantique. Ainsi le vers apparaît comme une tentative pour garantir la relance figurale du discours, et son jeu est à apprécier sur un double plan, tensionnel et représentatif.

En effet une limite métrique est aussi virtuellement une clé de tension entre complétude formelle et incomplétude sémantique[11]. Elle est constamment susceptible de confirmer ou d'infirmer les contours syntaxiques du discours. *Au plus «lâche»*, elle redouble la clôture en soi d'un syntagme. Ce bouclage de la parole sur elle-même n'a cependant rien d'inerte : il vérifie, en une épreuve toujours réussie, la capacité du discours à combler son projet. Et cette confirmation, sans cesse redemandée dans le vers, trahit l'incertitude qui cherche à s'y apaiser. En ce sens, la

11. Les auteurs des traités de versification (par exemple Mazaleyrat) traduisent parfois ces points de tension en termes d'«accents métriques» qui viendraient renforcer des accents de fins de groupes syntaxiques. B. de Cornulier (*op. cit.* pp. 285-286) a justement fait la critique de cette conception accentuelle du vers qui revient non seulement à confondre forme métrique et rythme, mais aussi plan de la structure du vers et plan de sa réalisation orale. Si effectivement des concordances ou des discordances syntactico-métriques sont susceptibles d'advenir aux limites métriques, rien ne permet de préjuger de la diction qui interprétera ces événements.

concordance métrique est aussi «parlante» que la discordance. L'une et l'autre procèdent d'une même inquiétude discursive, mais elles y répondent de façon opposée. *Au plus tendu*, une limite métrique configure dans l'espace qu'elle délimite des ensembles syntaxiquement inconsistants et crée une structure d'anticipation sémantique. Elle devient donc l'instrument d'une «passe» interlocutoire, imposant provisoirement au destinataire une «syntaxe» figurale des représentations, et le provoquant à une relance du projet discursif. Au destinataire en effet de parcourir en pensée l'écart entre les données provisoires du discours et la totalité visée. L'accroc métrique transpose dans la distance interlocutoire ce retard de la parole sur elle-même, cette distension intime qui en chacun de ses moments fonde son ouverture.

Le vers donne donc lieu à des dynamiques représentatives extrêmement variables – selon le nombre et l'intensité des points de tension qu'il distribue dans son espace. De là, dans l'histoire de la versification, des stratégies tensionnelles très différentes. Ainsi le vers peut, comme chez Malherbe, généraliser la concordance des limites syntaxiques et métriques. Et si nous sommes tentés d'y voir une certaine faiblesse expressive, nous oublions que, en des époques d'indécision linguistique, une telle métrique sert une véritable production de la langue, dans une nouvelle netteté de contours. La coïncidence du vers et de la syntaxe *réalise* alors une complétude qui n'était pas donnée dans la conscience linguistique, et c'est à cette conscience qu'est reversée la tension métrique. Le vers peut au contraire distribuer les écarts les plus grands possibles entre limites syntaxiques et métriques (disons à partir de Hugo) : il doit alors maintenir avec force les positions métriques pour entretenir l'efficacité de son jeu, ce qui cantonne la tension à une rareté « expressive ». Le vers peut encore, selon une « ligne floue », choisir de multiplier les tensions mineures : ce serait par exemple la solution verlainienne qui fait appel à des structures formelles non seulement métriques mais aussi rythmiques et mélodiques pour y disperser des discordances élémentaires où apparaît la trame même du discursif (les « petites voix », ou encore, selon l'expression de Mallarmé, les « épellations primitives »). Bien d'autres régimes tensionnels sont encore pensables[12]. Je ne cherche pas ici à en faire le répertoire, mais seulement à suggérer qu'une pratique métrique est une énergétique du sens, et qu'elle est d'abord appréhendée comme telle, selon une réception qui est plus « dynamique » qu'interprétative : comme à suivre une partition abstraite, si l'on veut, et sans mélodie, mais où serait chiffré le rythme d'apparition des événements, et leurs écarts d'intensité.

Cependant, cette réception dynamique – qui seule subsiste dans la mémoire d'une lecture, lorsque toutes les représentations précises ont été oubliées – est tout de suite engagée dans une production du sens qui la recouvre. La concordance métrique, opérant la « quadrature » du discours,

---

12. Ainsi chez Denis Roche (par exemple *Eros énergumène*, Paris, Seuil, 1968), une distribution nouvelle du discours dans le vers révèle des limites métriques inexploitées (par exemple le début de vers) et de nouveaux lieux de discordances (le milieu de mot, voire de syllabe). De plus, l'enchaînement vers à vers ne complète pas nécessairement les ensembles segmentés, les laissant ainsi définitivement suspendus. La tension reflue donc aux deux extrémités, où elle s'accroît, le corps du vers étant traité selon un mode « lâche » ou prosaïque.

double sa syntaxe d'un espace de relations proportionnelles : elle forme ainsi le cadre des figures dites de construction (parallélismes, symétries, gradations), figures toujours sémantiquement paraphrasables, comme analogies, contradictions, proportions, etc. La coïncidence des marques syntaxiques et métriques n'entraîne donc pas la fusion des registres de constitution du sens mais leur dédoublement. À la syntaxe linguistique vient se superposer une « syntaxe » figurale, plus puissante parce que moins spécifique, et toujours susceptible de retraverser la première selon des relations transversales et non hiérarchisées. Soit un chiasme étendu aux dimensions d'un vers : ses termes extrêmes peuvent par exemple être grammaticalement en rapport de déterminé à déterminant ; ils sont aussi figuralement en relation de symétrie, et, bien davantage qu'en prose, le décompte métrique confère à cette symétrie une exactitude mathématique, il la « justifie », au triple sens typographique, arithmétique et (déjà) sémantique du terme.

Quant à la discordance métrique, elle produit sémantiquement un battement de type tropologique. Effectivement, elle induit deux lectures, selon le mètre et selon la syntaxe, c'est-à-dire aussi la succession de deux effets de sens qui se disputent les mêmes lieux discursifs. En poésie le trope n'est donc pas seulement un accident fréquent, il est inscrit dans la structure formelle du discours. Sans doute peut-il, comme en prose, résulter d'une discordance syntactico-sémantique, mais, plus régulièrement, il est rendu prévisible par la disjonction virtuelle des limites syntactico-métriques. Ces deux modes de production du trope peuvent d'ailleurs s'illustrer réciproquement en se conjoignant. Analysons, par exemple, les premiers vers d'un des « Dimanches » de Laforgue[13] :

J'aime, j'aime de tout // mon siècle ! cette hostie
Féminine en si vierge et destructible chair
Qu'on voit, au point du jour, altièrement sertie
Dans de cendreuses toilettes déjà d'hiver,
Se fuir le long des cris surhumains de la mer !

Dans le premier vers les limites métriques interviennent en des points de tension syntactico-sémantiques. La césure suspend à mi-chemin la détermination de « j'aime », provoquant à l'anticipation du stéréotype « de tout [mon cœur] ». Mais cette anticipation se heurte, par-delà la césure, au renouvellement du stéréotype, qui est aussi sa re-métaphorisation. La césure ne se contente pas de coïncider avec le trope, elle en redouble la dynamique. Elle permet de comprendre selon quelle *projection sur arrêts* (ordinairement syntaxiques) nous anticipons des représentations qui constituent le « fond » des métaphores *in absentia*. Quant à la fin de vers, qui coupe « hostie » de son épithète métaphorisante, elle *analyse* les deux temps du trope. Elle joue le rôle de bascule tropologique, en disjoignant l'évaluation littérale du terme de sa réévaluation métaphorique. Nous voyons alors ces limites métriques illustrer deux orientations inverses du trope. La première, par l'anticipation qu'elle suscite, tend à condenser deux représentations en une (« cœur » transparaissant sous « siècle ») ; la seconde distingue deux valeurs successives dans une représentation d'abord appréhendée comme unique (l'« hostie » sacramentaire reparaissant au second

---

13. *Des fleurs de bonne volonté*, XLIV (*Poésie*, Gallimard, 1979, p. 156).

vers comme «hostie» érotique). Ainsi peut-on dire que le battement métrique re-présente le battement tropologique, ou, plus exactement, que, dans le vers, se révèle leur communauté «rythmique», au sens archaïque où le *rhuthmos* désigne «la forme dans l'instant qu'elle est assumée par ce qui est mouvant, mobile, fluide» [14].

DISPARITION ÉLOCUTOIRE

Or cette dynamique figurale, ce régime spécifique de production du sens, ne sont pas sans conséquences sur le statut énonciatif du «parler en vers». La subjectivité s'inquiète en ces termes : le vers peut-il «dire vrai»? Ou encore : les conditions d'accès au sens dans le vers laissent-elles place à quelque chose comme une «sincérité» subjective? Que penser, après le vers, de la «plénitude» du sujet, de sa «transparence», de son «initiative» même? Toutes ces qualités supposées ne sont-elles pas bafouées par une structure expressive dont la duplicité semble un ressort essentiel, et où la maîtrise du sens apparaît sans cesse déjouée par sa relance?

Revenons à Laforgue comme à un symptôme de cette crise – et comme déjà bien autre chose qu'un symptôme, car, avec lui, l'œuvre poétique devient une élaboration lucide et joueuse du dérapage expressif de la subjectivité. Reprenons la «déclaration» des premiers vers de «Dimanches». La sincérité d'un amour «de tout cœur» y est raturée par la reconnaissance en son lieu d'un effet de «siècle», et même de

14. E. Benveniste, «La notion de "rythme" dans son expression linguistique», *Problèmes de linguistique générale* (Paris, Gallimard, 1966).

fin de siècle : morte saison, toilette «cendreuse» de l'aimée. Dans le mouvement où il se déclare, le sujet amoureux se dénonce comme inauthentique, ayant un siècle en place de cœur. Et le possessif «(de tout) mon (siècle)» conteste les prétentions à la subjectivité d'un amour fondamentalement formé sur des images d'époque, donc partagées et triviales. Plus loin, la métaphorisation d'«hostie» fait vaciller la valeur sacrale de l'objet désiré, et situe l'amour comme une expérience de désublimation. Ainsi le discours poétique de Laforgue surexpose ses lapsus et institue son énonciation en lieu contradictoire.

Ce faisant, Laforgue ne pense pourtant pas s'écarter du «vrai» (il intitule tel poème : «Le vrai de la chose[15]»). Bien plus, il se donne pour programme poétique un accès aux «choses mêmes», mot d'ordre inédit en poésie : «Oh! que / ... Ma mélodie... / ... dise la chose qu'est la chose...[16]» Mettons cela en rapport contradictoire avec ceci que Mallarmé dit de lui dans *Crise de vers* : «... Jules Laforgue, pour le début, nous initia au charme certain du vers faux.» Certes Laforgue pense vérité de l'expérience et Mallarmé fausseté métrique, en sorte que la contradiction apparaît ici toute formelle. Elle se laisse même subvertir jusqu'à la réconciliation de ses termes : versifier faux, ce pourrait être dire vrai, d'où ce charme évoqué par Mallarmé. En effet, Laforgue distend l'instrument métrique, c'est-à-dire lui fait rendre toutes les discordances possibles et toutes les surdéterminations sémantiques qui s'ensuivent. Le vers dès lors instaure au moins une duplicité énonciative et souvent bien davantage : une diffraction de l'énonciation en autant de lieux que le

15. *Des fleurs de bonne volonté*, V, p. 88.
16. VI, p. 197.

vers comporte de ponctuations figurales. Or ce régime discursif condamne sans doute toute sincérité mais non toute «vérité». Car au même moment le sujet laforguien découvre que le «vrai de la chose» – par excellence la chose amoureuse – ne saurait s'énoncer que contradictoirement. Il faut une langue au moi désirant, au moi «polypier»[17]. Laforgue en a tracé la physionomie à travers quelques inventions verbales («violupté», «sangsuelle») où se dénonce l'ambivalence de son désir. Mais le vers laforguien fait au fond beaucoup mieux que proposer quelques innovations lexicales savamment ambiguës. Il manifeste la pluralité énonciative dont la structure métrique est porteuse. Il fournit ainsi une forme expressive appropriée à une subjectivité désormais clivée, voire morcelée.

Il est cependant difficile de ne pas être sensible à une certaine condescendance de Mallarmé dans son appréciation de l'apport laforguien. Pourquoi? Sans doute parce que le vers faux lui apparaît comme un détour inutilement subjectif et qui concède trop à l'esprit d'époque. *Crise de vers*, tout en rendant hommage aux innovations métriques du temps en situe bien le caractère inessentiel. Certes, en apparence, Mallarmé salue du jamais vu dans l'histoire de la versification :

> Le remarquable est que, pour la première fois, au cours de l'histoire littéraire d'aucun peuple, concurremment aux grandes orgues générales et séculaires, où s'exalte d'après

17. *Oyez, au physique comme au moral,*
Ne suis qu'une colonie de cellules
De raccroc ; et ce sieur que j'intitule
Mot, n'est, dit-on, qu'un polypier fatal !

De mon cœur un tel à ma chair védique,
Comme de mes orteils à mes cheveux,
Va-et-vient de cellules sans aveu,
Rien de bien solvable et rien d'authentique.
(«Ballade» *Des fleurs de bonne volonté* XXVI)

> un latent clavier, l'orthodoxie, quiconque avec son jeu et son ouïe individuels se peut composer un instrument, dès qu'il souffle, le frôle ou frappe avec science ; en user à part et le dédier aussi à la Langue[18].

Mais tout le contexte manifeste que rien de décisif ne peut se trouver modifié par cette individualisation de l'instrument. Ou bien on est dans l'espace du Vers, au sens très large où « vers il y a sitôt que s'accentue la diction » – c'est-à-dire dès que le discours se mesure à sa forme. Et l'appellation Vers comprend non seulement ses réalisations régulières, discordantes ou singulières dans toutes les formes de vers qu'on voudra, mais aussi des formes non versifiées de prose travaillée (« nommez-le Prose, néanmoins c'est lui si demeure quelque secrète poursuite de musique, dans la réserve du Discours »). Ou bien on est hors de l'espace du Vers, dans une prose soucieuse de « reportage » et inattentive à elle-même. Les innovations métriques ne métamorphosent pas l'espace du Vers, elles tentent de l'accorder aux mirages de la subjectivité, à sa « sentimentale bouffée ». Par là, le vers nouveau tendrait plutôt par sa nouveauté et par son subjectivisme à dissimuler la généralité de l'expérience du Vers, où s'éprouvent toujours un décentrement et une perte rigoureusement antagonistes à une *simple* expression personnelle. La faiblesse de Laforgue, aux yeux de Mallarmé, c'est sans doute qu'il a *d'abord* rencontré ce décentrement et cette perte dans les formes générales (affectives, idéologiques) de l'époque, pour ensuite l'élaborer dans un travail de « déculture »[19]. Pour Laforgue, effectivement,

18. *O.c.*, Pléiade, p. 363.
19. L'expression est de Laforgue qui écrit vers 1885-1886 : « La culture bénie de l'avenir est la déculture, la mise en jachère. » repris in *Feuilles volantes*, (Paris, Le Sycomore, 1981) p. 105.

poétiser, c'est répondre à la dispersion du moi, à sa plongée dans un « dimanche » qui n'est pas le « dimanche de la vie » mais celui du désœuvrement. Et cette réponse, qui est aussi une forme d'habitation, ne saurait consister qu'à accompagner cette dispersion par la déliaison des formes poétiques – une déliaison donc appelée à durer autant que le moderne, ce qui revient à tracer à la fin du vers un avenir infini.

Il y aurait à faire toute l'histoire des malheurs de la subjectivité moderne face au Vers. À en retracer toutes les hypothèses, tous les égarements, toutes les solutions depuis la préface du *Spleen de Paris* jusqu'à, disons, Jacques Roubaud, en passant par les verslibristes et les surréalistes. Mais ici on peut se contenter de reprendre et d'approfondir la célèbre phrase de *Crise de vers* sur la « disparition élocutoire du poète » :

> L'œuvre pure implique la disparition élocutoire du poète, qui cède l'initiative aux mots, par le heurt de leur inégalité mobilisés ; ils s'allument de reflets réciproques, comme une virtuelle traînée de feux sur des pierreries, remplaçant la respiration perceptible en l'ancien souffle lyrique ou la direction personnelle enthousiaste de la phrase.

Le point énigmatique et difficile est ici celui du « remplacement » de la « respiration » en « initiative » verbale. Comprenons bien que Mallarmé n'oppose pas *historiquement* des modalités « anciennes » de l'inspiration (« souffle lyrique », enthousiasme personnel) à un type nouveau (« l'initiative aux mots ») qui serait une découverte propre aux modernes – et nommément à lui-même. Il décrit l'enchaînement de moments phénoménologiques dans le procès de l'« œuvre pure » et il éclaire chacun de ces moments par les théories poétiques qui historiquement l'ont illustré au mieux. Ainsi le lyrisme ancien nous révèle qu'à l'origine de l'acte poétique, il y a quelque chose de l'ordre du souffle – ce qui n'est nullement lier l'expressif au subjectif (le souffle ancien traverse toute subjectivité). C'est seulement souligner qu'il n'y a pas d'œuvre sans un travail de prédisposition intérieure, de visée rythmique d'une allure – travail qu'on peut identifier à la recherche corporelle d'une « respiration » juste, en telle ou telle circonstance expressive ; et qui prend parfois la forme réellement posturale d'une déambulation physique ou d'une déclamation. Par « respiration », il faut alors entendre un certain *ajustement* de l'intention formelle et des ressources expressives propres à un individu, telles qu'il les retrouve intériorisées et presque charnellement investies (ses rythmes, son lexique, sa syntaxe, toutes les formes marquées de sa préférence et dont réellement *il dispose*). La « respiration » est donc dialogue entre l'appel de sens propre à une circonstance et la ressource d'un corps signifiant, elle est oscillation de niveau à niveau, quête du plan virtuel où leur échange régulier opère sans effort et quasi symboliquement. Pour les modernes, ce travail « respiratoire » est livré à l'improvisation personnelle. Il échappe à la codification, sans qu'on puisse pour autant s'en dispenser. Du coup, il obsède beaucoup plus manifestement la forme. Ainsi, hors de toute tradition, les vers-libristes ne font rien d'autre qu'identifier la totalité de l'acte poétique à ce moment de l'expression. Le vers libre procède d'une « respiration », reprise au coup par coup, en chaque pulsation expressive – sans que le discours s'appuie jamais, pour se poursuivre, sur une assise préalable.

S'en tenir cependant au travail « respiratoire », ce serait demeurer en-deçà du Vers tout autant que de l'expérience de la parole. Car cet exercice n'a de vocation que propédeutique. Au-delà, il faut qu'en un point de « césure » (antérieur à toute césure formelle) le corps ainsi prédisposé « cède l'initiative » à une forme, en une *passe* essentielle où il s'exhausse jusqu'au point de sa « disparition ». Qu'est-ce que cela signifie sinon que la forme visée en des rythmes soudain se clôture dans ses contours et constitue un espace dynamique dont les virtualités déjouent toute intention expressive. La clôture formelle ouvre en effet à une mobilisation de relations internes. « Reflets réciproques », « traînée de feu sur des pierreries », « ciel métaphorique qui se propage à l'entour de la foudre du vers » aucune métaphore n'est assez brillante pour décrire la profusion de rapports formels et sémantiques qui se produit alors. En s'illuminant, le Vers se soustrait à son origine énonciative. Il transcende par sa dynamique propre l'effort rythmique qui a préparé son avènement. En ce qui marque le mieux cette passe de l'initiative, c'est la syncope temporelle (où nous reconnaissons un trait du figural) par laquelle le sujet élocutoire, après avoir longuement anticipé une forme, se découvre devancé par elle. Effectivement, la « réciprocité » de relations ouverte par le Vers pourra bien être rejointe après coup, linéairement amenée au sens. Mais, dans l'immédiat, elle est d'autant plus parlante qu'on ne saurait dire tout ce qu'elle promet. La *passe* est donc un moment d'ignorance, de retard et d'aliénation. « Céder l'initiative » et se transporter au plan de l'articulation, c'est faire l'épreuve d'une même « césure ». La coupure métrique reste au sein du vers comme la trace d'une division dans le sujet parlant. Le travail rythmique de ce sujet était en effet une tentative pour séduire la forme, la produire sans rupture de continuité, comme un prolongement corporel enchanté. Mais c'est à bien autre chose qu'il est conduit, car il est soudainement affronté à l'altérité de cette forme, à son articulation sur une limite interne qui lui semble le recouper lui-même. Il n'y a, là encore, rien dont l'enfant du *fort-da* n'ait fait la rencontre en son jeu. Mais c'est le mérite de l'« œuvre pure » d'engager en chaque occasion du dire un « recommencement des conditions ainsi que des matériaux de la pensée »[20] où se joue aussi le destin du sujet.

C'est de là qu'il faut repartir pour juger le statut de vérité du vers. Empiriquement, il peut par exemple sembler fondé de poser un antagonisme entre la visée réaliste de l'autobiographie et la valeur « fictive » ou pour le moins stylisatrice du vers – comme le fait par exemple Philippe Lejeune. Mais l'analyse du vers transforme la question, en faisant apparaître la possibilité d'une « autobiographie » beaucoup plus radicale que celle qui retrace romanesquement l'histoire d'une vie. Le vers reconduit la subjectivité à ses conditions profondes de vérité, par-delà toute anecdote. Il ne rend pas compte d'une « vie » achevée et morte à elle-même une seconde fois dans la trace verbale qui s'en veut le monument – il *est* une « vie » qui en s'écrivant se retrace elle-même, et redispose dans son rapport à une forme la place excentrique de la subjectivité.

DISPOSITIFS

Paulhan dit quelque part que le mérite de la rhétorique est de « nous délivrer du souci de l'expres-

---

20. « Solennité », in *Crayonné au théâtre*, Mallarmé, (*O.c.*, Pléiade), p. 332).

sion» et par là-même de nous ouvrir à sa joie – et identiquement pour lui, la guerre délivre du souci de vivre et ouvre ainsi au pur bonheur de vivre ; la domination érotique délivre de la psychologie amoureuse et ouvre à une jouissance infinie… De la même façon on pourrait dire que le vers (la contrainte métrique mais aussi le répertoire des formes métriques) nous libère du figural puisque son dispositif en implique la reconduction régulière et l'y tient en réserve. Le vers est mémoire. Il rappelle ce qui dans la parole toujours revient. Il connaît la force d'oubli du vieil homme qui retombe sans cesse à l'inactualité de ses mots. Il lui esquisse donc, au-devant de sa parole, l'épure d'un discours qui serait perpétuel événement. Pourtant, nous le savons (et Paulhan lui-même…) ni le vers ni la rhétorique, ne règlent rien absolument. Car en nous délivrant d'un souci, c'est-à-dire en nous situant d'emblée en un certain lieu de l'expression, ils peuvent nous faire croire qu'ils nous épargnent aussi son risque, et marquer notre parole de stérilité. Et quoi de plus désespérant qu'une parole qui s'estime quitte de l'événement par le respect d'un dispositif (ainsi la prosodie peut-elle être définie par Mallarmé comme ce qui «statue du moindre effort pour simuler la versification») ?

C'est l'héroïsme du moderne de se refuser le dispositif censé conduire au lieu de l'événement. Mais cet héroïsme se retourne facilement en convention, ou en prétention subjective. En même temps qu'on repousse l'épargne d'une expérience et d'un risque, on rejette la prééminence de toute forme sur la subjectivité. Et le courage qui manque alors, c'est d'être à nouveau capable de reconnaître une forme dans son irréductible altérité, dans le détour nécessaire qu'elle impose à l'expression (le répertoire métrique tenait évidemment ce rôle). Où donc trouver une position juste vis-à-vis du dispositif figural ? Le malaise des contemporains face au vers rend bien compte de la difficulté. Entre la récusation subjective de toute forme reçue et l'exécution des formules métriques traditionnelles, il y a cependant place pour l'invention de dispositifs inédits qui, en chaque circonstance de la parole, font leur part tout à la fois à la singularité d'une intention et à l'extériorité d'une forme.

Un recueil de poèmes de Jacques Roubaud[21] conjugue par exemple un ensemble complexe de règles d'engendrement : figures du jeu de go, mise à la puissance de formes poétiques (tel le « sonnet de sonnets »), « paragraphes » regroupant des poèmes selon une couleur thématique inspirée de symboles logico-mathématiques… Un texte comme celui qui suit sera donc surdéterminé formellement comme : 100e coup (pions blancs) d'une partie de go ; dernier « vers » d'un « sonnet de sonnets » en prose ; élément d'un « paragraphe » placé sous le signe logique de l'appartenance ($\in$).

> ce n'est pas vrai je mens tout est faux il n'y a rien en arrière je ne suis pas du monde je ne suis pas non plus du monde que j'étais je ne vis pas un mort me glace le vécu j'avance sous l'absence je suis le
>
> chapitre zéro du livre la basse oubliée dans la partition économisant le vide enchaînant des raisons qui n'assurent rien je ne suis même pas retranché je suis nul dépossédé du don d'échange
>
> on a conclu pour moi dans le même temps où je posais mon premier axiome blanc contre noir et la phrase roule où rien ne signifie

21. $\in$ (Paris, Gallimard, 1967).

> quelque part je ne vois plus ou autrement peut-être autrement qui rendra le vrai vrai le noir noir ouvrira les yeux sur autre que la mort? (p. 36)

Réfléchissons aux rapports complexes qui lient le dispositif et le contenu étrangement mélancolique d'un texte «produit» par lui. Le dispositif comprend le vers (et même le sonnet régulier) comme l'une de ses possibilités dans un ensemble de variations numériques et typographiques – mais il ne s'y arrête pas spécifiquement, comme en témoigne la forme paradoxale du «sonnet en prose». Le vers y est donc présent/absent : référence formelle majeure, il est en même temps débordé par le déploiement de sa logique. Un «Vers» plus large, «ordonnateur du jeu des pages» (Mallarmé), assure le recroisement de plusieurs règles d'engendrement. Les principes de ce Vers sont exposés, sous le titre «mode d'emploi», en un § 0. Comme en tout dévoilement de dispositif, les effets de cette révélation sont à la fois d'ordre rhétorique et imaginaire[22]. Rhétoriquement, la lecture est prise dans ce paradoxe qu'aucun des poèmes engendrés n'était prédictible à partir du dispositif (et surtout pas celui cité plus haut) mais que tous, après coup, peuvent s'expliquer à partir de lui. Ainsi est-elle balancée entre arbitraire et nécessité sans pouvoir s'arrêter ni à un terme ni à l'autre, ce qui est de peu d'importance car l'essentiel est ailleurs : dans son inquiétude, la lecture ne cesse de revenir sur le texte; le dispositif est l'agent d'un mouvement de

22. De même, la révélation – posthume et prévue comme telle – du Procédé chez R. Roussel non seulement n'«explique» aucun des textes engendrés à partir de lui mais ne fournit aucune clé de lecture utilisable. En revanche, elle entraîne un retour réflexif de la lecture sur le texte et elle lie imaginairement le déploiement du texte tout à la fois au dispositif et à la mort physique de l'auteur.

versura qui fait mesurer la réalisation verbale à son projet affiché. Imaginairement, la fonction du dispositif est tout autre : la surdétermination formelle de chaque poème *représente* la nécessité de son événement. Sans doute cela affecte-t-il la lecture, mais bien davantage l'écriture elle-même, comme en témoigne le poème cité. Si en effet la délégation au dispositif de la nécessité du dire rassure la parole sur sa forme, elle l'angoisse absolument quant à son origine et sa valeur. De fait l'« initiative » du poème est comme devancée par le calcul de ses déterminations : « on a conclu pour moi dans le même temps où je posais mon premier axiome blanc contre noir et la phrase roule où rien ne signifie ». Non seulement le geste originaire apparaît dérobé à lui-même par les principes de composition du recueil, mais toutes les significations qui en découlent sont éprouvées comme vides et inhabitées. Quant au sujet de l'énonciation, il s'éprouve excentré de sa parole, réduit au zéro qui précède tous les nombres du livre, « doublé » par un autre mortifiant : « je ne vis pas un mort me glace le vécu j'avance sous absence je suis le / chapitre zéro du livre ».

Le dispositif, par son arbitraire, son extériorité manifeste, place ainsi tout le recueil sous le signe d'une « césure » subjective, qui renvoie à l'expérience de la parole en général : c'est en toute parole, pour peu que nous soyons requis par une certaine exigence du dire, qu'« un mort [nous] glace le vécu ». Cette révélation mise en acte par le dispositif est ambiguë. Elle fait peser sur la subjectivité un risque de mélancolie. Tout ne va-t-il pas s'abîmer dans la mise en évidence qu'« il n'y a rien en arrière ? » Le poète ne va-t-il pas assumer sa « disparition élocutoire » par une liquidation physique ? L'effort à la signification ne va-t-il renoncer à lui-même devant le vide des formes qu'il déploie ? Au moment où il lui inflige les plus douloureuses blessures, le dispositif est cependant ce qui sauve la subjectivité et définit son rapport juste à la parole. Car c'est seulement en lui qu'elle peut se reconnaître « césurée » sans chuter dans une perte absolue : effectivement, parce que la parole y « avance sous absence », elle peut tout assumer, et jusqu'à l'énonciation de la perte mortelle dont elle est porteuse. Ainsi une phrase comme « et la phrase roule où rien ne signifie » peut-elle être produite, marquée de la voix blanche du dispositif, sans emporter la raison de celui qui la dit, ni le sens du livre. Le dispositif révèle et distancie. Il reconduit la parole à sa vérité mais rend cette vérité énonçable, en la faisant apparaître elle-même comme un effet de forme. Il dégage le sujet parlant de sa fascination pour le point mélancolique[23] et lui restitue une mobilité et une audace. Il le rend à la profusion de la parole.

Entre le poète versificateur et le poète du dispositif, ce qui change donc, c'est l'imagination du commencement. Pour entrer dans la parole, le poète versificateur ajuste une circonstance (la rencontre d'un certain point du monde) à une forme élue dans un répertoire traditionnel ou privé. Le poète du dispositif part d'un calcul qui lui tient lieu tout à la fois de circonstance *et* de forme. La complication de la

23. Que la mélancolie soit au motif de l'écriture, cela apparaît très clairement chez Jacques Roubaud et sous des formes multiples : celle du dispositif dans de nombreux recueils, celle littérale et douloureuse du deuil dans *Quelque chose noir* (Paris, Gallimard, 1986), celle du modèle perdu dans son travail sur les troubadours (*La fleur inverse*, Paris, Ramsay, 1986) qu'il présente en ces termes dans le prière d'insérer : « La poésie la plus contemporaine, pour survivre, doit se défendre de l'effacement, de l'oubli, de la dérision, par le choix d'un archaïsme. L'archaïsme du *trobar* est le mien. »

contrainte, « mise à la puissance » du vers ou élaboration d'un procédé, ne constitue donc pas une simple progression dans l'exigence du dire. C'est une tentative pour transmuer en nécessité formelle le heurt premier qui est au motif de la parole. D'où le renouvellement obligé des dispositifs qui rivalise avec la nouveauté infinie des circonstances – et témoigne à sa façon que la parole n'obéit jamais au même *motif*. Une fois le dispositif posé, la subjectivité, déchargée de la responsabilité de l'initiative, peut revenir au monde et traiter des mêmes objets que toute poésie, parfois dans la même forme si le dispositif comprend cette forme comme un de ses possibles (ainsi ∈ comporte-t-il des sonnets réguliers...). La parole du dispositif cherche donc à devancer toute circonstance, toute césure subjective, toute « passe », en posant d'emblée l'« Initiative » comme une pure détermination verbale. Mais aucun coup de dés ne peut lui épargner d'être reconduite au point de commencement – ce dernier dût-il resurgir là où on ne l'attend plus. Que la parole se veuille naïve ou calculée, rien ne peut éviter qu'elle n'excède son projet – comme le figurent les remous de l'enjambement –, et qu'en se développant elle ne touche le point de son ajointement au monde, et au sujet qui se produit en elle.

Du vers au dispositif, d'un certain point de vue, on reste dans le même espace : l'un comme l'autre sont des tentatives pour capturer le figural en des mailles plus ou moins serrées, pour apprivoiser son aventure. L'un comme l'autre témoignent d'un double souci d'illustrer formellement l'événement et de le tenir à disposition. Mais de l'un à l'autre, ce qui change, c'est l'intimité avec la langue (dont le vers émane naturellement mais dont le dispositif s'écarte) et le rapport au temps, à la mémoire, à la transmission. Le vers est une *réserve* de l'événement en un double sens : l'événement y est *sauvegardé* en une formule éprouvée, où se sont érodées les formes d'une lignée d'expériences expressives; mais l'événement est *retenu* dans la sécheresse des traités de versification qui transmettent mécaniquement des préceptes sans jamais en donner à connaître les enjeux : sans doute faut-il cette réticence pour que la forme du vers passe anonymement de lèvres en lèvres jusqu'à trouver celui qui saura la rendre parlante. Le dispositif, quant à lui, rompt avec les formules du passé, et il est sans illusions sur son avenir. Il redouble la singularité d'un moment de parole par la particularité d'une mise en forme qui en surexpose les raisons. Avec lui fusionnent en une unique actualité la formule et sa réalisation. Ainsi la poétique du dispositif nous achemine-t-elle vers le temps d'une parole *sans réserve*, qui brigue en chaque moment du dire l'immédiateté de l'événement. Ce temps utopique et désabrité est peut-être déjà le nôtre.

V. LA FIN DE LA PAROLE ?

Mais de quoi est-il question *à présent* ? N'aurai-je fait, tout au long de ces pages, que saluer le figural d'une dernière écoute au seuil de sa disparition ? Ne voyons-nous pas aujourd'hui la parole refouler ses enjeux « originaires » et s'objectiver en discours ? Le frayage du nouveau, où se situe l'événement figural, n'est-il pas entamé par la « dissolution de la valeur du nouveau »[1], ou pour le moins sa banalisation, que certains reconnaissent comme un caractère du « post-moderne » ? N'en avons-nous pas témoignage dans la rhétorique contemporaine de l'« innovation » devenue *norme* du discours médiatique (ainsi le jeu de mots *obligatoire* du slogan publicitaire ou du titre journalistique) ? Quel espace imaginer pour le figural si la parole est constamment requise de se manifester en une fusée d'effets discursifs, déployés dans l'inattention générale ? Sur quel fond de latence et d'oubli peut-elle encore représenter la nouveauté de ses significations ? Toutes ces significations n'apparaissent-elles réduites à la plus grande platitude, sans passé, ni avenir, consumées dans leur immédiateté ? L'œuvre alors ne se dégrade-t-elle pas en manipulation ludique, sans avoir plus la force d'annoncer aucun

1. Je reprends l'expression à Gianni Vattimo, *La fin de la modernité*, Paris, Seuil, 1987, p. 111.

déplacement de la langue, aucune redescription du monde ? N'est-elle pas d'avance comprise dans son procédé, sa formule combinatoire, en sorte que sa réalisation, n'ajoutant rien à sa possibilité, tombe dans l'indifférence ? La langue elle-même, sommée de surexposer ses ressources, n'y perd-elle pas toute réserve ? Et au-delà de cet épuisement intrinsèque, n'est-elle pas encore atteinte par ailleurs, asservie par la Technique aux impératifs d'une communication qui « désyntaxe, dégrammaticalise, délexicalise, néologise par « sigles »[2] ?

Ces questions sont sérieuses. On ne peut les écarter d'un mot, se contenter de les reverser à un « nihilisme » pervers qu'il serait aisé de conjurer par une simple décision de la volonté. Elles ouvrent la sombre perspective d'une rupture de la parole, ici multipliée en effets discursifs inessentiels, et là « simplifiée » selon les exigences des codes de traitement informatique. Ainsi, nous pourrions être amenés à nous détourner de la parole, à la fois en raison de sa profusion insignifiante et de sa réduction signalétique. Mais tout est sans doute plus complexe. Force est d'admettre que la parole est toujours en débat, que la rupture n'est pas accomplie, et que, même chez ceux qui annoncent la fin de la parole, il n'y a là non pas une prédiction mais une façon de figurer l'horizon nouveau qui est le sien et qui régit ses conditions d'apparition contemporaines – au sens où, par exemple, des valeurs ne sauraient apparaître aujourd'hui que sur fond de « mort des valeurs » et prenant en compte cette « mort » ; au sens encore où Baudelaire déclarant

2. Selon les termes de Michel Deguy, *Brevets*, Champ Vallon, 1986, p. 157.

«Le monde va finir[3]» ne prophétise pas la fin du monde mais situe le moderne dans l'imminence indéfiniment suspendue de la fin. Même si la «fin» apparaît aujourd'hui comme la perspective de la parole, appelant à la formulation des «derniers mots», cette fin, au sens positif du terme est non seulement impensable, mais irréalisable dans un monde de langage. La parole, en ce qu'elle est le lieu de l'«ouverture», ne saurait être exténuée par aucun des discours auxquels elle donne lieu. Sans doute appartient-il à l'essence de l'ouverture d'être menacée par ce sur quoi elle ouvre. Le recommencement qu'esquisse chaque nouvel usage discursif se captive à ses virtualités de développement, et vise spontanément à emporter le tout de la parole dans son style et dans son monde. Mais rien ne peut faire qu'il ne soit à son tour exposé. Le monde continue de se produire, indifférent même à ce que nous estimons être une apocalypse du sens; seule son ouverture, c'est-à-dire sa ressource de figuration, est certaine, que manifeste sans cesse l'apparition des différences et des styles, l'arrachement des significations à elles-mêmes, l'inédit des événements et des usages discursifs.

Il n'en reste pas moins que nous vivons un difficile et menaçant changement de conscience rhétorique. Tout se passe comme si nous imaginions la parole parvenue au point de sa réalisation utopique, c'est-à-dire au point d'une ouverture absolue et sans horizon. Ou, en d'autres termes, le mode de figuralité qui domine notre représentation de la parole et nos pratiques verbales est de type *discursif*. Certes les trois

---

3. «Fusées», *O.c.* t. 1, (Paris, Pléiade, 1975), p. 663. Je m'inspire des commentaires de Michel Deguy sur cette «fusée», in *Donnant Donnant*, Paris, Gallimard, 1981, p. 70.

modes de figuralité (énonciatif, rhétorique, discursif) que nous avons distingués[4] sont indissolublement liés comme des aspects complémentaires de l'ouverture de la parole. Il n'est aucun événement figural qui puisse se réduire à un seul d'entre eux. Mais la conscience rhétorique que nous avons de chacun est très inégale selon ses caractères propres et selon les *mises en œuvres* auxquels historiquement ils donnent lieu. À cet égard, il faut distinguer entre chaque mode figural des nuances de *publicité*. La figuralité *énonciative* est la plus secrète. Elle marque une attention à la différentialité qui ouvre originairement la parole, et un effort de traduction de cette différentialité dans la forme tensionnelle de l'énoncé. Comme on l'a vu, cette figuralité est illustrée par des œuvres tournées vers leur provenance. Sa reconnaissance suppose un suspens des significations et un retour sur leur source. Sans cesse voilée par les significations mêmes que l'œuvre déploie, sa saisie n'est qu'intermittente. Même si elle hante transhistoriquement toute mise en œuvre, il faut un effort poétique ou théorique (tel que fut par exemple celui du romantisme allemand) pour la faire entrer dans une représentation de l'expression. Au contraire la figuralité *rhétorique* est explicite par essence. Elle s'expose dans des traités qui identifient à ses règles le tout de la parole. La figuralité *rhétorique* présente l'ouverture de la parole comme un jeu d'écarts contractuel, une transgression réglée d'espèce essentiellement sociale et relationnelle. Elle suppose une entente interlocutoire aussi bien sur les normes que sur les écarts discursifs, codifiés par les traités de rhétorique; elle implique entre les interlocuteurs un minimum de communauté représentative

4. Cf. note 3, chapitre II, p. 77.

qui permette la résolution heureuse des infractions discursives selon des procédures d'évocation convenues. Quant à la figuralité *discursive*, sa conscience est nécessairement floue ou faible ou confuse. Effectivement, elle nous introduit à un monde de relations signifiantes incertaines et d'effets de sens aléatoires. Elle apparaît lorsque tout à la fois les contrats interlocutoires se brouillent et lorsque est perdue de vue toute relation de la parole à l'« origine ». Incodifiable, elle est le refoulé de la clôture du champ rhétorique, et son instabilité la rend impropre à toute fondation. Elle s'impose pourtant à nous depuis quelques programmatiques gestes littéraires qui lancent à la parole un décisif défi, la prenant à ses propres mots de « nouveauté », d'« ouverture »...

L'AUTOMATISATION DE LA PAROLE

Exemplairement, l'écriture des *Champs magnétiques* par Breton et Soupault, et la notion d'« écriture automatique » élaborée ensuite dans le surréalisme à partir de 1922, annoncent le triomphe d'une conscience rhétorique discursive[5]. Sans doute la portée du geste automatique demeure-t-elle pour partie voilée par les vêtements idéologiques changeants dont le surréalisme n'a cessé de le draper. Entre théorie et pratique apparaissent, tout au long de l'histoire du

5. Il va de soi qu'une véritable histoire de l'automatisation de la parole devrait remonter non seulement aux « mots en liberté » futuristes, aux transpositions du « cubisme » en poésie (dans la revue *Nord-Sud* ou les premiers poèmes de Tristan Tzara), mais bien en deçà, jusqu'aux discussions qui, à partir de 1885, entourent l'invention du vers libre ou celle du monologue intérieur (avec *Les lauriers sont coupés* d'Édouard Dujardin). Il ne s'agit ici que de dégager dans ses grandes lignes un mythe de l'expression actif bien au-delà du surréalisme et qui dépasse largement ses intentions explicites.

surréalisme, d'assez vives tensions, particulièrement à propos de l'automatisme[6]. De ce point de vue, le décret d'automatisation de la parole, impliqué de fait par l'appellation « écriture automatique », est beaucoup plus déterminant que son rattachement théorique à des instances de parole variables selon les époques et les humeurs du mouvement. Successivement, on voit en effet Breton invoquer, à la source de l'automatisme, « ce qu'on pourrait être tenté de prendre pour la conscience universelle », « le fonctionnement réel de la pensée », le « subliminal », ou « les procédés d'investigation de la psychanalyse »[7]. La multiplicité hétérogène de ces instances manifeste assez leur caractère incertain. On peut certes faire la part des emprunts et des influences, montrer l'origine des différents matériaux qui ont servi chez Breton à construire un édifice de justifications après-coup[8] (trois ans s'écoulent entre la découverte de l'automatisme et sa première théorisation). Mais c'est peut-être accorder trop de crédit à l'idéologie surréaliste, et sous-estimer la radicalité d'un acte discursif qui se passe en fait de toute interprétation transcendante, qu'elle soit d'ordre psychologique, métaphysique ou métapsychique. Il faut d'ailleurs reconnaître que Breton, pour sa part, en a eu assez constamment la notion. Ses premiers essais poétiques d'inspiration

---

6. Claude Abastado en a relevé les principaux aspects dans « Écriture automatique et instance du sujet », *Revue des sciences humaines* n° 184, 1981.

7. Respectivement dans « Entrée des médiums » (1922), *Les pas perdus* (in *Œuvres complètes* t. 1, Paris, Pléiade, 1988) p. 275; *Manifeste du surréalisme* (1924) (*ibid.*) p. 328; « Le message automatique » (1933) (in *Point du jour*, Paris, Gallimard, 1970) p. 182; *Entretiens* (1952) (Idées, Gallimard, 1969) p. 36.

8. Comme l'ont fait Jean Starobinski dans « Freud, Breton, Myers » (in *La relation critique*, Paris, Gallimard, 1970), et Marguerite Bonnet (*André Breton, Naissance de l'aventure surréaliste*, Paris, Corti, 1975).

post-mallarméenne l'inclinaient à une autre compréhension de l'automatisme. Par tout un autre versant de ses déclarations, il y a reconnu «une opération de grande envergure portant sur le langage[9]». Il en a donné tardivement la description sans doute la plus heureuse en le présentant comme un effort pour «se reporter d'un bond à la naissance du signifiant[10]».

La discrétion qui entoure cette autre entente de l'automatisme s'explique sans doute par le caractère infiniment périlleux de l'aventure engagée là. Breton a dit des *Champs magnétiques* que leur écriture lui avait été inspirée par «le désir d'écrire un livre dangereux[11]». Or, ces dangers ne sont pas seulement d'ordre psychologique (pour ses initiateurs, chez qui, nous dit Breton, «l'hallucination guettait»). Ils sont aussi à apprécier sur un plan rhétorique. À terme, l'écriture automatique met en question l'authenticité de toute autre parole, aussi bien dans le surréalisme que hors de lui. Effectivement, sur un moment figural – de relance des signes dans le libre jeu de leurs rapports aléatoires – elle prétend rabattre le tout de la parole : son initiative, sa portée interlocutoire, ses effets de sens. Elle réduit son ouverture à la désobstruction d'un flux discursif. Elle ramène son intentionnalité au paradoxe d'une décision passive qui consiste à «faire abstraction du monde extérieur». Elle suppose la pertinence *a priori* de tous les rapports

9. «Du surréalisme en ses œuvres vives» (1953) (in *Manifeste du surréalisme*, Paris, Pauvert, 1963, p. 355). Pour cette autre généalogie de l'automatisme, cf. Henri Pastoureau, «Des influences dans la poésie présurréaliste d'A.B.», in *André Breton*, coll. «Langages», La Baconnière, Neuchâtel, 1970. Ainsi que les articles suivants d'André Breton : «Les mots sans rides» (1922) (in *O.c.* t. 1, p. 284); «Introduction au discours sur le peu de réalité» (1924) (in *Point du jour op. cit.* p. 22); «Le merveilleux contre le mystère», *Minotaure* 9, 15 octobre 1936.

10. «Du surréalisme...», *op. cit.*, p. 355.

11. «En marge des *Champs magnétiques*», *Change* 7, 1970.

de sens qui se nouent en elle. De tels postulats sont infiniment menaçants en ce qu'on ne peut les étayer par aucune preuve tenant à la forme des énoncés. D'où, dans le surréalisme même, d'infinis débats sur la pureté des productions automatiques réelles ; et la revendication exorbitante d'accréditer, d'exclure ou de disqualifier toute écriture, en dehors de lui, par rapport au modèle pur de l'automatisme. Aussi ne faut-il pas s'étonner que, pour sauver le mouvement d'un affolement rhétorique, Breton procède progressivement à une « occultation » de l'automatisme. Cette « occultation », différente de celle qu'il prononce publiquement plus tard[12], porte non pas sur l'activité du mouvement, mais sur ce qu'on ne saurait en aucun cas exhiber : la source vive de la signifiance – captée, produite au grand jour, puis réenfouie. Soustrayant l'automatisme aux yeux des profanes, Breton en garantit la pureté et en entretient la valeur mythique. L'automatisme désormais sera actif à distance, et bien au-delà du surréalisme. Car il va bouleverser toute une représentation de l'expression, métamorphosant le règne de la parole en règne du discours... Par « discours », entendons tout d'abord une parole désubjectivée, c'est-à-dire où aucun sujet ne saurait se produire – transitivement – dans l'épreuve d'un langage et d'une énonciation réels. Poussant le subjectivisme à son comble, l'écriture automatique ouvre à une désubjectivation radicale. Se proposant de faire

12. On sait que la part des « textes surréalistes » a très rapidement diminué dans *La Révolution surréaliste*. On se souvient par ailleurs de la solennelle déclaration de Breton : « JE DEMANDE L'OCCULTATION PROFONDE, VÉRITABLE DU SURRÉALISME » dans le *Second manifeste du surréalisme* (1930) (*O. c.* t. 1, p. 821). Le terme est déjà employé de façon équivoque puisqu'il vient conclure un développement sur la nécessité d'« empêcher le public d'entrer », mais est commenté en note par une incitation à recourir aux sciences « occultes ».

apparaître « ce qui se trame à l'insu de l'homme dans les profondeurs de son esprit[13] », l'écriture automatique atteint en fait des entités absolument impersonnelles telles que « le fonctionnement réel de la pensée », ou « la conscience universelle ». D'où chez Breton l'insoluble contradiction entre la reconnaissance d'une « voix » parfaitement indifférente à l'avènement du sujet, à son histoire, parfois même hostile à ses désirs, et le souci de rapporter cette même voix « sans ambiguïté possible au Moi[14] ». Cette contradiction scelle tout à la fois l'incohérence théorique du surréalisme et le succès de sa pratique. Le mythe de l'automatisme inaugure dans le champ littéraire l'ère d'une productivité infinie. Effectivement ce qui « libère » cette parole, c'est qu'elle ne rencontre nulle part le frein d'un engagement subjectif. Une fois captée, elle se meut d'elle-même et sans fin dans une sorte d'éther communicationnel. Sans doute des circonstances extérieures contingentes telles que fatigue, inattention, ou retour d'une volonté trop délibérée, peuvent-elles en suspendre le mouvement, mais par essence elle est continue et inépuisable.

Désubjectivée, la parole automatisée est aussi – et corollairement – sans autre. Totalement comprise dans l'absolu de l'instance d'où elle émane, elle est sans circonstance et sans adresse. Elle se développe de façon résolument monologique, absorbant même toute dynamique interlocutoire. Dans le premier *Manifeste*[15] Breton procède ainsi, à partir de l'automatisme, à une réévaluation des formes ordinaires du dialogue. Il en dénonce le caractère faussement

13. *Second manifeste*, in *O.c.* t. 1, p. 191.
14. « Le Message automatique », *op. cit.*
15. *O.c.* t. 1, p. 335-336.

intersubjectif, et se propose d'en restituer le véritable fonctionnement : tout dialogue, bien davantage qu'il ne vise au triomphe d'une thèse sur une autre, cherche à s'accomplir comme enchaînement désintéressé sur la forme même du discours. À cet égard la pathologie de la parole peut fournir des modèles de développement interlocutoire : la réplique en écho (« écholalie »), la réponse à côté (« symptôme de Ganser »), la reprise sur les mots ou les figures. Le rebond sur le signe serait ainsi la forme « impartiale » de l'interlocution. Une séquence des *Champs magnétiques* (« Barrières ») peut d'ailleurs passer pour une illustration de cette théorie : elle ramène le dialogue à sa vraie nature de soliloque à deux. Les outils argumentatifs y sont employés à vide, le seul véritable lien de réplique à réplique consistant en des associations sur le signifiant ou le signifié. Ce qui se révèle alors, c'est que la répartition « équitable » des voix, dans l'interlocution ordinaire, couvre en fait la parole d'un Tiers, non subjectif Lui : Lieu pur de la signifiance, disponible à toutes les identifications transcendantes ou occultes, et indifférent aux intérêts de l'intersubjectivité.

Soustraire la parole à sa dimension intersubjective, et en dénier le caractère rhétorique, c'est d'ailleurs tout un. Si, dans l'écriture automatique, aucun sujet ne peut advenir dans l'épreuve d'un langage, ni se situer par rapport à un autre sujet, c'est que l'écriture automatique ne se conçoit pas comme un langage. Le premier *Manifeste* la range au plus près de la « *pensée parlée* » et la décrit volontiers comme « mode d'expression pure » ce qu'il faut entendre radicalement, au sens où elle serait *pure de tout langage*[16].

16. J'ai tenté de relever les paradoxes qui en découlent dans « Les aventures de l'automatisme », *Littérature* n° 72, décembre 1988.

Non compromise par les formes verbales en lesquelles elle se réalise, l'écriture automatique participe de ce que Breton appelle « l'infaillibilité de ma pensée par rapport à moi-même ». Ses produits ne sont susceptibles d'aucune erreur puisque « par définition la pensée est forte, et incapable de se prendre en faute » et que l'écriture automatique n'est autre que l'« *écriture de la pensée* ». Si cependant y apparaissent des « bouillons » (Breton ne nous dit pas de quelle sorte ils peuvent être : défauts de syntaxe ? incohérences sémantiques ? scories esthétiques ? stéréotypes ?), on doit les imputer à des suggestions extérieures à l'automatisme, telles que distraction du « murmure » ou retour de la volonté. Cette thèse extrême sur la parole prélude à un grand dérèglement rhétorique sur un plan aussi bien théorique que pratique. Elle revient à faire coïncider, dans l'écriture automatique, la dénégation de toute figuralité avec l'affirmation d'une figuralité généralisée. En effet, s'il est clair que des figures apparaissent dans les productions automatiques, par exemple des images, on pourra toujours refuser de les considérer comme des rapprochements opérés dans et par un langage (« ...il n'est pas, à mon sens, au pouvoir de l'homme de concerter le rapprochement de réalités si distantes... » dit ainsi Breton de l'image selon Reverdy[17]. On affirmera y voir plutôt les produits simultanés de l'« activité surréaliste », activité « pure », en amont de tout langage, et que ce dernier se contente de traduire. La figuralité est donc reportée au lieu de la pensée pure comme à son véritable site. Mais l'indistinction posée par ailleurs entre pensée et automatisme confère à toutes les formes de l'écriture

17. *O.c.* t. 1, p. 338.

automatique l'infaillibilité propre à la pensée. Rien dans l'écriture automatique ne peut, en conséquence, échapper à une pertinence figurale, pas même les relations discursives les plus hasardeuses ou les plus contrefaites.

Les thèses de Breton sur l'automatisme sapent donc toute contractualité rhétorique. En élargissant le champ du figural jusqu'à lui faire recouvrir celui de l'écriture automatique tout entière, elles annihilent toute possibilité d'entente sur le repérage et l'interprétation des figures. Pratiquement elles provoquent la prolifération de figures-simulacres. Par figures-simulacres entendons non pas des «imitations» de figures mais des figures indécidables, c'est-à-dire toutes les formes de relations discursives aléatoires, et en particulier celles qui oscillent entre des orientations exclusives. Les figures-simulacres peuvent donc aussi bien coïncider avec des écarts rhétoriques repérés que s'en distinguer absolument. Nul ne saurait trancher sur leur compte. Breton nous dit ainsi avoir été longuement troublé par les mots «Fleurs de laque jésuite dans la tempête blonde...» jetés sur le papier[18] et il commente l'apparition de ce jésuite en ajoutant : «En outre, je *voyais* sa robe tourner traîtreusement, dangereusement, *je ne sais où.*» Mais plus vacillant encore que l'image, c'est le statut du mot «jésuite» qui balance entre l'apposition métaphorisante et la détermination adjectivale (incongrue) du mot «laque». Et de même, dans les *Champs magnétiques*, quand il est question «du magasin céleste dont les vitres sont passées de si bonne heure au blanc d'Espagne», rien dans le contexte ne me permet de trancher sur l'orientation sémantique de l'expression «magasin

18. «En marge des *Champs magnétiques*» (1930), cité in *O.c.*, t. 1, p. 1128.

céleste». A-t-on affaire à une expression littéralement vraie dans une référentialité de type merveilleux? Ou faut-il y voir une métaphore réversible, le nom «magasin» pouvant tout aussi bien passer pour métaphorique que sa détermination «céleste»? Faute de lois génériques et de contraintes contextuelles, ces questions restent ouvertes, comme demeurent ouverts tous les rapprochements, contrastes, heurts, rythmes, échos, qui traversent la textualité automatique. La figuralité discursive n'y a plus le caractère *second* d'un rebondissement différentiel sur des formes accomplies d'énoncé; la source de relance discursive qu'elle constituait est maintenant posée *au principe* du discours, lui-même conçu comme un champ de dispersion de rapports.

L'écriture automatique réalise ainsi utopiquement le projet de la parole : elle radicalise son «ouverture» jusqu'à prévenir toute cohésion contextuelle, elle généralise sa «nouveauté» en se constituant comme production de singularités inorientées. Mais il est clair que, du même coup, la parole excède sa limite. Son «ouverture», n'opérant plus sur fond d'un champ clos de rapports, perd toute valeur de frayage. Sa «nouveauté», parce qu'elle est sans relation à quelque loi que ce soit, interne ou externe, apparaît sans défense contre les pièges de la répétition. Rien ne lui permet plus de faire la part de la tradition et de l'invention. Le jeu libre des différences la laisse sans mémoire et sans projet. Elle est dès lors impuissante à récuser son propre stéréotype, et devient indistincte de sa simulation (d'où la désaffection rapide, dans les revues surréalistes, pour les textes purement automatiques, leur dénonciation immédiate comme «poncifs»). La parole entre ainsi dans «l'ère de sa reproductibilité» infinie. Elle est à elle-même son plagiat. À ce point suprême d'accomplissement, elle se renverse en discours – si on entend finalement par discours une parole indifférente à sa provenance comme à sa destination, c'est-à-dire à tout ce qui fait d'elle une mémoire, un procès formel, une visée. Or dans l'intervalle entre une tradition et une adresse *passait* le sujet de la parole. Sans doute n'était-il rien d'autre qu'une force de déplacement, n'avait-il d'autre consistance que celle d'une redisposition de traces. Aussi peu substantiel qu'il ait pu être, ce sujet-là s'absente de l'écriture automatique, et l'abandonne à sa profusion. Car plus rien dès lors ne cantonne le poétique dans la rareté. Le poétique qui se voulait jusqu'alors le genre discursif le moins commercial (au sens mallarméen), c'est-à-dire le moins compromis dans une circulation sociale attachée aux valeurs de l'utile, esquisse soudain le modèle d'une parole librement instrumentable par chacun, et productible à l'infini. Et de même, là où la lecture imposait son contrat le plus exigeant sous forme d'une participation interprétative forte, voici que l'écriture automatique introduit à ce qu'on pourrait appeler, parodiant W. Benjamin, une «réception distraite[19]». Lorsqu'en effet les relations discursives deviennent aléatoires, l'entente est déliée de toute responsabilité, elle est libre de s'abandonner au flottement de son attention, garantie qu'elle est, elle aussi, de son «infaillibilité». Ainsi se trouvent réunies les conditions d'une «massification» de la parole. Le mot d'ordre d'Isidore Ducasse «La poésie sera faite par tous. Non par un.» rencontre un commencement de réalisation concrète. Il se complète même implicitement d'un décret corollaire : «La poésie sera lisible par tous. Non par un.» (Ou illisible, comme

19. Cf. «L'œuvre d'art à l'ère de sa reproductibilité technique» in *Essais 2*, «Médiations», Denoël/Gonthier, 1983.

on voudra, puisque la poésie dès lors tombe dans les discours inessentiels, puisque aucune écoute particulière n'est plus sollicitée par elle).

On objectera peut-être qu'après tout l'écriture automatique n'est que l'utopie poétique rêvée dans les années 1920 par une avant-garde restreinte, que son échec esthétique plaide contre l'importance qu'on lui attache ici, et qu'en somme le destin de la parole ne lui est nullement attaché. Je crois au contraire que ce mythe était l'aboutissement inévitable d'un subjectivisme de l'expression poussé à sa limite et qu'aujourd'hui il marque profondément notre conscience rhétorique. Ainsi le spontanéisme expressif et la «ludisation» du poétique se sont imposés dans les pratiques pédagogiques, en remplacement des modèles traditionnels de composition et de style. Ceci dénote d'ailleurs moins l'abandon du champ rhétorique que sa restriction à l'«invention». Dans la perspective de la *figuralité discursive*, seules sont calculées les techniques de production textuelle, tandis que sont abandonnés au hasard la «composition» et l'«élocution» et, par voie de conséquence, les effets sémantiques et interlocutoires qui en découlent. C'est assurément dans le discours publicitaire que cette métamorphose apparaît de la façon la plus spectaculaire. Il est remarquable en effet que ce discours, dont la vocation consensuelle l'emporte aujourd'hui sur tout autre, ait renoncé à des objectifs de persuasion proprement dite, au profit des agréments immédiats et aléatoires d'une figuralité ouverte. Soit par exemple, parmi mille autres, ce «message», qui me passe sous les yeux au flanc d'un autobus (juin 1988) : L'AMER ROUGE – les lettres géantes surplombant les flots écarlates, mais glacés, d'un apéritif médiocrement connu. Où va un tel énoncé ? Le jeu homophonique avec LA MER ROUGE embraye une analogie vide entre les deux notions, et, partant, ouvre entre elles un champ d'évocation problématique. Dira-t-on que les valeurs climatiques « brûlantes » impliquées par la « mer rouge » confèrent leur agressivité requinquante à cette boisson ? Faut-il plutôt relever l'hyperbolisation qui étend sa saveur à des dimensions proprement pélagiques ? Ou doit-on, lecteur cultivé, faire dégringoler la mémoire biblique dans l'imaginaire limonadier : associer l'« apéritif » et l'« ouverture » des eaux de la mer rouge comme deux événements d'une même puissance inaugurale, voire même projeter sur l'âpreté gustative du produit les tourments endurés par Moïse ? L'évocation se réduit à un ensemble d'hyperbolisations non directives. Avant tout effet de sens, le message affiche sa mobilité ludique, et offre à son destinataire la jouissance gratuite d'une association libre. Un tel acte discursif, théoriquement voué à l'utile, nous serait aujourd'hui totalement incompréhensible si nous n'avions assimilé le changement de conscience rhétorique élaboré par les avant-gardes littéraires du début du siècle.

LITTÉRATURE ET SIMULATION

Cependant l'automatisation de la parole ne s'est pas totalement réalisée dans le surréalisme. Certaines représentations s'y opposaient. Effectivement, tant que l'automatisme était garanti par des instances comme l'inconscient ou « la conscience universelle », tant que sa dynamique était fondée sur la croyance en une « dictée magique », il demeurait en liberté surveillée. Ses produits restaient susceptibles d'interprétation, psychologique ou anthropologique. La réalité de son autonomie pouvait toujours être contestée. En un mot, l'automatisme n'avait pas encore rencontré son automate. Pour se machiniser, il était d'ailleurs nécessaire qu'il se réforme dans ses représentations et dans ses méthodes. Cette adaptation, c'est justement ce que lui propose depuis quelques années un groupe littéraire aux activités confidentielles, mais, emblématiques de l'imaginaire culturel contemporain (on doit se demander si la littérature de simulation qu'il propose de produire expérimentalement ne caractérise pas *déjà* une large part du champ littéraire).

On pourrait définir tout le travail de l'Ouvroir de Littérature Potentielle (Ou.Li.Po.), depuis sa fondation en 1961, comme un effort pour désenchanter l'automatisme. Ceci apparaît clairement à travers les déclarations de Marcel Benabou et Georges Perec lançant en 1973 la « Production automatique de littérature française » (ou P.A.L.F.)[20]. Leur programme de production textuelle se définit explicitement contre l'automatisme de Breton, avec lequel il affirme n'avoir « aucun rapport », mais que, d'une certaine façon, il vise à accomplir authentiquement. Au geste surréaliste est dénié toute validité en raison de sa passivité (nommée ici « relâchement »), de même qu'est implicitement critiqué le caractère exogène des forces supposées l'animer. En effet, si on entend réaliser l'automatisme, on ne saurait accorder aucun rôle à une instance occulte dans le procès de la parole : « l'automatisme suppose une construction rigoureuse *qui porte en soi le principe de son mouvement* ». Il convient

20. *Change* 14, février 1973.

donc de substituer à tous les motifs intentionnels du discours (expressifs, descriptifs ou démonstratifs) une nécessité qui lui soit immanente : « L'originalité du P.A.L.F. est qu'il supprime les critères extérieurs au langage et les remplace par des contraintes internes au langage ».

L'ambiguïté du mot « langage » sert cette ambition. Les auteurs y comprennent tout à la fois la compétence langagière, les pratiques discursives, et les formes de langue. Et c'est à la faveur de cette amalgame que leur automatisme peut prétendre résulter d'une « contrainte interne » et plaider son autonomie. Mais la notion de « contrainte interne » fait problème. Effectivement, toute la question est de savoir quelle entité « langagière » elle concerne. On peut par exemple admettre qu'elle rend compte des contraintes de « genres », au sens où un énoncé s'inscrit toujours dans un registre rhétorique donné, conventionnellement lié à une situation de discours. Mais alors cette contrainte ne peut être comprise comme « interne » qu'à faire abstraction de la circonstance qui en commande la dynamique. Les genres de discours ne sont pas des formes gratuites, ils configurent autant de pratiques sociales qui, en retour les font évoluer « de l'extérieur ». Un genre discursif compris comme « contrainte interne » ne peut être qu'un genre mort. Faut-il donc plutôt référer à « la langue » la notion de « contrainte interne » ? Sans doute peut-on considérer l'ensemble de règles régissant la formation des énoncés d'une langue comme une « contrainte interne ». Mais bien moins qu'elle n'est « interne », cette contrainte est « constitutive ». Elle est une et non partageable. Et même entendue au sens d'une

« compétence générative », elle n'appelle la production d'aucun énoncé en particulier. C'est une forme (et non une force) abstraite des énoncés réalisés, et ce n'est que par une illusion vitaliste qu'on peut la créditer de porter en soi « le principe de son mouvement ». Le rabattement de la production de discours sur « la langue » installe ainsi l'automatisme dans une apparente nécessité. Mais il a surtout pour effet d'occulter l'instance automatisante. Cette instance bien réelle est de nature externe comme le laissait attendre la définition aporétique de l'automatisme (« une *construction* qui porte *en soi* le principe de son mouvement ») : elle n'est autre qu'une conscience manipulatrice. Et cette conscience est le support d'une visée opératoire aussi hétérogène à la langue qu'au discours. Opposons ici l'usage et la manipulation. L'usage met en œuvre la langue dans une circonstance de discours donnée. Il se peut qu'à l'extrême de ses pouvoirs il « réalise la langue en la détruisant » (c'est-à-dire qu'il déplace les formes reçues et jusqu'à l'acte discursif dont il procède). Mais ce déplacement n'est pas le résultat d'une décision *a priori*, il est le produit d'un jeu de forces entre l'inédit d'un réel et la mémoire d'une langue, l'écho d'une tradition et la visée d'une adresse. Par tous ces entours l'usage est ouvert sur son autre. Il n'est même que la trace de cette ouverture. La manipulation fait abstraction de toute circonstance discursive (c'est-à-dire de tout réel et de toute interlocution), elle traite la langue et les énoncés comme des formes réifiées librement agençables. Elle comprend le jeu de la langue comme une combinatoire, c'est-à-dire que ses opérations portent nécessairement sur une forme achevée, anhistorique et close. Enfin, en justifiant sa propre pratique par son isomorphisme supposé à la « combinatoire » linguistique, elle en efface l'extériorité, et pose sa propre activité comme impliquée par le « langage », dont elle émanerait naturellement. Dans ce mouvement s'éclipse la volonté de domination de la parole qui l'inspire – car il s'agit finalement de disposer des formes discursives comme d'un matériau exploitable et d'en épuiser la productivité.

Il va de soi que la réussite ou l'échec esthétique des productions de l'Oulipo n'est pas en question ici. Non plus que l'appréciation des œuvres qui, chez les plus talentueux d'entre eux (Perec, Calvino ou Roubaud par exemple), procèdent au dépassement des dispositifs dont elles procèdent. Seul intéresse le statut de l'expression présupposé par les méthodes oulipiennes, en tant qu'il nous introduit à une littérature de simulation. On dira peut-être que c'est évaluer bien gravement une activité purement « ludique ». Mais c'est justement la « ludisation » de la littérature qu'il s'agit de comprendre, à travers des pratiques où l'opposition du jeu et du sérieux perd toute pertinence. Aussi l'humour et la désinvolture des auteurs vis-à-vis de leurs propres postulats ne peuvent-ils être invoqués pour relativiser la portée de leurs déclarations. Il faut au contraire remarquer que cet *éthos* dubitatif est précisément la marque d'une littérature de simulation. Plus généralement la théorisation oulipienne est caractérisée par un vacillement constant entre le ton humoristique et la revendication de scientificité. Lorsque par exemple Queneau définit les recherches de l'Oulipo comme « amusantes », c'est pour mieux suggérer leur sérieux en les rattachant aux « mathématiques amusantes » des siècles passés, qui portaient en germe les développements les plus modernes des sciences exactes[21]. Et de même François Le Lionnais rapproche plaisamment les tentatives oulipiennes de synthèse de la littérature des recherches de synthèse de la vie à quoi est attelée la biochimie[22]. Les enjeux du ludique sont sérieux. Les oulipiens le sous-entendent sans pouvoir l'affirmer sérieusement. Effectivement le geste oulipien est lui-même d'un statut indécidable : infiniment productif et absolument gratuit. Les simulacres qu'il produit, parce qu'ils procèdent d'une manipulation, sont tous, familiers ou étranges, également *désaffectés*. Ils ne sont évaluables ni dans leur sens ni dans leur *éthos*. L'Oulipo est voué ainsi à revisiter tout le champ littéraire comme jeu, sans pouvoir s'émanciper soi-même du ludique pour se fonder. C'est qu'ici comme ailleurs, dans l'idéologie de l'époque, le jeu nous est devenu un destin plus que l'exercice d'une liberté.

Une littérature de simulation neutralise encore d'autres oppositions. Elle peut prétendre indifféremment à la nouveauté (par la désinvolture spécifique avec laquelle elle manipule les formes) ou à la tradition (par la ressemblance de certains de ses produits avec des formes connues). En réalité, elle n'est ni nouvelle ni traditionnelle, car elle est non spécifique : elle recouvre toutes les formes d'énoncé inductibles des formes déjà réalisées. Elle se leurre lorsqu'au nom de la contrainte elle se réclame de la tradition

21. « Littérature potentielle » in *Bâtons, chiffres et lettres*, Idées/Gallimard, 1965, p. 322.

22. « Le second manifeste » in *La Bibliothèque Oulipienne* vol. 2, Paris, Ramsay, 1987, p. 10.

des conventions prosodiques[23]. Sans doute certaines virtuosités métriques anciennes ou modernes peuvent-elles apparaître comme des prototypes de l'oulipisme. Mais ces virtuosités ne traduisent nullement la logique générale de la prosodie en tant qu'elle propose une schématisation des données phonologiques de la langue, et une représentation des formes du discours, en tant qu'aussi elle offre la possibilité d'un retour « originaire » de la parole sur elle-même. La contrainte oulipienne n'est pas de l'ordre d'une stylisation représentative, mais de l'ordre d'une opération expérimentale. Soient exemplairement deux formes de « contrainte » traduisant une attention particulière à la valeur originale du E dans la langue française. Là où la prosodie française résout dynamiquement le problème spécifique posé du discours par le phonème [ə], et en fait un instrument subtil d'assouplissement du mètre, l'Ou.Li.Po. procède au retranchement hypothétique de la lettre E dans ses jeux lipogrammatiques[24] et engendre à partir de là un français simulé. La contrainte prosodique répond à la langue, la contrainte oulipienne teste sa résistance à la déformation. Les oulipiens affirmeront donc avec assez de vraisemblance vouloir « s'accorder avec notre civilisation scientifique[25] ».

À cet égard, on n'a pas assez remarqué la portée du geste de Queneau dans les *Cent mille milliards de*

---

23. François Le Lionnais, *ibid.*, p. IX : « La question reste ouverte de savoir si (et comment) l'OuLiPo pourrait créer de nouvelles structures guère plus et guère moins contraignantes que les structures traditionnelles. Sur des pensers anciens (ou nouveaux) le poète aurait la possibilité de faire des vers nouveaux. »

24. Ainsi, le « tour de force » de Georges Perec, écrivant son roman *La Disparition* (Paris, Denoël, 1969) sans jamais faire usage de la lettre E.

25. François Le Lionnais, Postface au *Cent mille milliards de poèmes* de Raymond Queneau (Paris, Gallimard, 1961).

poèmes. On se souvient qu'il y propose, par un jeu de lignes découpées, la libre combinaison des 14 vers constitutifs de dix sonnets de base, soit cent mille milliards de possibilités différentes. L'exergue y annonce prophétiquement : « Seule une machine peut apprécier un sonnet écrit par une autre machine. » Et, de fait, ce dispositif combinatoire implique l'éviction simultanée de l'auteur, du texte et du lecteur. Tout lecteur réel est renvoyé (dans la Préface) à la tâche impossible de passer « 190 258 751 années » à épuiser les possibilités de la combinatoire. Par là il est opportunément confronté à sa mortalité non seulement comme personne mais aussi comme fonction. La lecture étant réduite à un simple procès combinatoire, nul doute que c'est une machine à traiter l'information qui est la mieux placée pour l'assumer. D'ailleurs, le texte, insaisissable dans ses contours, matériellement illisible, s'est volatilisé : il ne consiste en rien d'autre qu'en son programme. Quant à l'auteur, il se partage en plusieurs instances : l'inventeur du dispositif et ses manipulateurs, à qui est accordée la satisfaction imaginaire de se considérer, par un fonctionnement en boucle, comme les producteurs du texte d'un autre[26]. L'appel à la machine comme garant absolu de la communication, c'est-à-dire, circuit fermé assurant successivement les tâches de conformation, production et réception des messages, apparaît bien comme l'horizon ultime dela

26. Cf. Jean Queval, « Insecte contemplant la préhistoire », in *Bibliothèque oulipienne*, op. cit. p. 239 : « En troisième ou quatrième lecture des *Cent mille milliards de poèmes*, ce qui subsiste de plus remarquable c'est que cette machine est une machine Queneau. Les invités du sous-préfet qui l'ont utilisée (c'est Queneau lui-même qui rapporte cette anecdote) n'ont pas fait bien sûr leurs propres poèmes individuels, mais ils n'ont pas fait non plus des poèmes impersonnels; ils ont fait des poèmes de Queneau. »

«littérature potentielle»[27]. L'ordinateur y joue un rôle imaginaire essentiel. Il n'est pas seulement requis pour une fonction d'«assistance» (contrairement à ce que laisse entendre l'appellation «écriture assistée par ordinateur») dans une activité littéraire qui pourrait s'exercer identiquement par des voies artisanales. Il assume une fonction de définition. Effectivement, au point de départ, il appelle une conformation des dispositifs à la pertinence que garantit leur programmabilité (car une forme n'aura d'existence littéraire reconnaissable qu'autant qu'elle sera programmable et reproductible). À l'arrivée, il en assure la seule réception convenable, c'est-à-dire exhaustive, par épuisement de la combinatoire. Le bouclage de la parole dans ce grand Autre que constitue l'ordinateur procède ainsi d'une série d'équivalences réductrices entre parole et «langage», «langage» et combinatoire, «réception» et combinaison, chacune de ces instances appelant la suivante automatiquement. La communication ici circule d'autant mieux qu'elle est, pour reprendre les termes de Lucien Sfez[28] «autiste», c'est-à-dire coupée de toute circonstance de discours, et «tautologique» : est productible comme littérature ce qui est pré-programmable comme littérature. Dans cette clôture se dénient non seulement les enjeux de

27. Cet appel s'est concrétisé très tôt chez les oulipiens. Ainsi François Le Lionnais (1962) : «Ce que certains écrivains ont introduit dans leur manière […], l'Ouvroir de Littérature Potentielle (OuLiPo) entend le faire systématiquement et scientifiquement, et au besoin en recourant aux bons offices de machines à traiter l'information.» («La LiPo (Le premier Manifeste)», *Bibliothèque oulipienne*, vol. 2, p. V). Ou Queneau (1964) : «Nous regrettons de ne pouvoir disposer de machines : *lamento* continuel au cours de nos réunions.» («Littérature potentielle», *op. cit.*, p. 322.) Ces regrets ont cédé la place à la constitution d'un nouveau groupe, l'ALAMO dont la naissance est signalée dès 1981 (in *Action poétique* 85, Entretien de Jacques Bens et Paul Fournel avec Henri Deluy). Au sujet de l'Alamo, cf. aussi *Action poétique* 97.

28. *Critique de la communication*, Paris, Seuil, 1988.

désir et de pouvoir qui président à toute parole, mais aussi l'historicité, ici magiquement suspendue, de la littérature.

POUR UNE PAROLE TACITURNE

L'utopie se dénonce étymologiquement comme «sans lieu» mais la totalisation à laquelle elle aspire la situe surtout «hors temps». Là où elle prétend s'accomplir comme ouverture, elle se soustrait en fait à la puissance ouvrante du temps. La parole rencontre ainsi en chacun de ses moments figuraux la tentation utopique de s'abstraire de la réalité de l'ouverture par une infinitisation qui arrête le temps. En son point *énonciatif*, nous l'avons vue se captiver à l'émergence du distinctif et risquer de s'éterniser dans la répétition d'un balbutiement sur le seuil. C'est qu'à vouloir saisir l'utopie de l'origine, elle peut s'enfermer dans les infinis jeux de miroirs de la réflexivité sans apercevoir que son mouvement l'écarte d'elle-même, qu'en son essence elle est déjà depuis toujours l'écartement qu'ont creusé la défaillance ou l'appel d'un réel. Dans son moment *rhétorique*, la parole est facilement happée par l'utopie de la communauté. Sollicitant par un jeu de différences la participation interprétative d'un autre, elle postule naturellement un partage des procédures d'inférence et des représentations. Et, à poser ce partage comme absolu, elle en vient facilement à nier toute distance interlocutoire. Elle perd alors sa puissance d'appel et sa force de redescription. Elle se fait sourde à la différentialité qu'elle met en œuvre en dépit d'elle-même, par le seul jeu de ses particularités concrètes. Sous couleur de frayage représentatif, elle n'opère plus que la répétition d'un partage représentatif toujours déjà établi. Et elle se réduit finalement à un soliloque infini. Quant au moment *discursif* de la parole, nous l'avons reconnu menacé par le désir d'épuiser les possibilités formelles de la parole – tentative où s'exténuent aussi les significations et les contrats interlocutoires. Ainsi la parole est hantée par les utopies de la totalité, mais ce qui la sauve d'elle-même, c'est la transitivité qui l'emporte. Chacun de ses moments anticipant sur l'actualité du suivant, elle apparaît non comme l'*instrument* d'une ouverture, mais comme cette *torsade* où l'ouverture se donne dans un procès de formes.

C'est de cette transitivité (cette dis-cursivité) qu'il faut repartir pour envisager le destin contemporain de la parole. Elle seule nous assure qu'aucune utopie expressive ne peut s'accomplir sans que s'effondre du même coup le monde de langage où elle ambitionne d'avoir lieu. Ceci définit la parole comme le lieu d'une *résistance irréductible à toute clôture*. Là est son événement, en perpétuel déploiement. En ce sens la parole ne réclame de notre part aucune vigilance, nous n'avons pas à être ses bergers, parce qu'en son fond elle excède non seulement les utopies totalisantes qui la hantent, mais même notre souci de préserver son ouverture. La question est donc plutôt de notre destin en elle. À nous de reconnaître la pluralité des sites de parole auxquels nous voue le présent, afin de nous y ménager une mobilité et des choix, une liberté d'habitation. Et cette reconnaissance ne va pas de soi. Aucune rhétorique explicite ne nous dessine plus la carte de la parole. Et si la parole continue de se représenter en des mythes toujours nouveaux et de s'inventer en des pratiques toujours inédites, dans le présent, l'identification de ces mythes est brouillée par leur enchevêtrement synchronique : et, corrélairement, les pratiques verbales se « babelisent » sans paraître nous vouer à aucun chemin spécifique. Le risque qui nous guette est donc celui de la confusion. Croire que nous nous tenons au plus près de son ouverture quand nous travaillons en fait à son bouclage, penser que nous opérons un déplacement quand nous nous enfermons dans la répétition du même, prétendre que nous dominons la parole quand nous y faisons l'expérience d'une perte et d'un décentrement, tels sont les dangers auxquels nous sommes exposés si nous perdons de vue son événement. C'est pourquoi les mythes de l'expression doivent être débusqués, les mises en œuvre de la parole sans cesse questionnées, critiquées, réévaluées. Là est notre seule chance d'orientation.

Or il faut se demander si l'art peut encore nous montrer la voie dans ce questionnement, ou s'il n'est qu'une pratique exténuée qui a perdu tout privilège de mise en œuvre et d'« illustration ». Après d'autres, Gianni Vattimo, dans *La Fin de la modernité*, identifie formes contemporaines de l'art et formes de « mort de l'art ». Il en distingue trois types, caractéristiques selon lui du « post-moderne » (p. 62) : l'utopie, le kitsch et le silence. L'utopie culminerait dans l'esthétisation générale de la vie prônée par la culture médiatique, au sens où cette culture produit le consensus social comme accord sur des critères de beauté et d'agrément. Le kitsch procéderait à une auto-ironisation du statut de l'art en jouant de toutes les formes de la réduplication distanciée. Enfin le silence, en réaction aux deux premières formes de mort de l'art, constituerait une sorte de « suicide de protestation». L'œuvre y refuserait la communication, et l'expérience esthétique ne s'y donnerait plus que «comme négation de l'ensemble de ce que furent ses caractères canonisés par la tradition, à commencer par le plaisir du beau». Sans doute pouvons-nous rapporter sans peine à la parole poétique ces aspects du déclin de l'art. L'automatisme surréaliste ouvre la voie utopique d'une généralisation de la poésie, «faite par tous, non par un», et annonce l'éclatement du poétique par sa dispersion dans les lieux de parole les plus «commerciaux». La littérature potentielle conduit, à travers une technicisation ludique, à une conscience kitsch des formes littéraires dans la mesure où elle permet d'en produire à l'infini des simulacres désaffectés. Quant au silence, il marquerait une littérature ascétique et rebelle à la consommation imaginaire : des œuvres comme celles de Beckett ou Blanchot nous en ont proposé l'exercice paradoxal.

Mais il y a quelques raisons de douter que cette trilogie des déclins rende compte exhaustivement de l'avenir de la parole. En particulier, on peut contester que toute forme «silence» doive être comprise comme une négation ou un «suicide de protestation». L'intimité essentielle de la parole avec le «silence» plaide pour la positivité d'une expression sinon silencieuse, au moins *taciturne*. Car il n'est pas de parole qui ne soit tressée avec un silence dont, tout à la fois, elle procède et qu'elle étend après elle. Toute profération vibre de la matité d'un non-dit qui est aussi sa ressource rythmique. C'est de la forme particulière de ce non-dit, de sa vibration spécifique aux franges de l'énoncé, que repartira chaque fois le projet du dire. Rendre sensible ce silence en même temps qu'on parle, c'est approfondir dans la parole un temps de suspens et de contemplation, de revirement et d'essor, qui y est nécessairement impliqué. Une telle mise en œuvre de la parole est rebelle à toute totalisation utopique : elle ne vise ni accomplissement final ni productivité infinie. Elle n'est pas non plus nostalgique, car elle sait que l'«origine» sur laquelle elle se retourne, s'invente et se dépasse avec elle. Essentiellement transitive, elle découvre rythmiquement le site d'une liberté et d'une puissance, toujours à reprendre, et que seul l'exercice de la parole est en mesure de nous offrir. Il peut lui arriver de fournir les marques sensibles de sa *taciturnité* (ainsi la césure du vers régulier, le jeu du blanc à partir de Mallarmé, les trois points chez Céline). Mais elle se dispense aussi bien de toute preuve manifeste, car c'est le propre du poétique en général de porter la parole jusqu'à son point de réticence afin d'en entretenir pour nous l'ouverture et la force. C'est seulement ainsi que nous pouvons «passer le temps», c'est-à-dire en devenir les passeurs, le faire passer en rythme dans les formes du dire. Or, plus que jamais, nous avons besoin d'une telle pratique. Car nous vivons un âge d'abondance des significations. Non seulement la mémoire des énoncés nous est de plus en plus facilement disponible, mais leur production matérielle et leur diffusion tendent à s'amplifier à l'infini. Chacun pressent cependant que cet âge d'abondance est aussi un âge de pénurie, cette disponibilité une indisponibilité radicale. Effectivement la profusion de ces significations nous les rend insignifiantes, parce que ce qui n'est pas donné avec elles, c'est le temps de leur provenance, c'est-à-dire justement l'essentielle *taciturnité* sur fond de quoi elles se produisent. Plus que jamais, il nous est nécessaire de «voir venir» une signification, avant de nous captiver à ses prestiges. Le temps présent nous enseigne que la « dissolution de la valeur du nouveau » ne scelle pas la fin de la parole, parce que l'ouverture de la parole ne s'identifie pas à la nouveauté, même si elle y trouve historiquement la forme la plus évidente de sa manifestation. Aujourd'hui nous savons que l'immédiateté du nouveau peut aussi éclipser cette ouverture. Et cette compréhension nous restitue une temporalité de la parole que nous n'étions plus en mesure d'accueillir. Elle nous rouvre non seulement à son avenir mais aussi à l'entente plus juste de son passé. Que chaque parole, donc, nous rende le temps de sa provenance afin que nous y conquérions une clarté et une force, c'est le projet que nous pouvons assigner non pas seulement à la poésie, dont le destin, en tant que genre, est indifférent – mais au poétique qui est l'exigence de dire dans tous les genres.

LECTURE FIGURALE : LA PHRASE ET L'EXPÉRIENCE DU TEMPS

Qu'est-ce qu'une phrase ? Posons-nous cette question sur un plan esthétique ou encore phénoménologique : comment une phrase nous est-elle donnée ? qu'est-ce qui la constitue en tout synthétique ? qu'est-ce qui nous garantit ses contours ? et selon quelle dynamique temporelle l'appréhendons-nous ? Pensons la phrase comme un champ formel où se jouent et se résolvent pratiquement les apories de la temporalité humaine. Voyons-la, de ce point de vue, comme l'instrument d'une humanisation infinie. Car dans l'*exercice* de la phrase s'éprouve la forme même du temps humain, tendu entre mémoire et anticipation. Toute phrase, sans doute, proférée dans la mélodie distraite des rapports sociaux. Mais, plus explicitement, plus illustrativement qu'une autre, la phrase travaillée, attentive à son déploiement, soucieuse de ses effets… Ni les grammairiens ni les linguistiques ne nous aident beaucoup à une telle compréhension de la phrase. Les premiers nous renvoient à des évidences empiriques qu'ils sont peu soucieux d'interroger, mais plutôt de régler selon des normes. Les seconds construisent des modèles théoriques délibérément abstraits de toute intuition phénoménologique où la phrase figure comme un postulat qui n'a pas à être interrogé pour lui-même[1]. Pour nous cependant, qui ne prétendons ni à la législation ni à la domination scientifique du discours (c'est-à-dire aujourd'hui à sa reproduction simulée), nous qui tout simplement sommes à l'écoute de la phrase, de l'incessante modulation qui en elle fait de nous des gens de la parole, ces descriptions sont insuffisantes. Nous sentons que la moindre exigence de dire emporte les normes et les modèles et fait de la phrase une *mise en œuvre* de la langue où s'éprouve bien autre chose qu'une manipulation de signes disponibles.

PHRASE ET CONFIGURATION ESTHÉTIQUE

Le mieux est peut-être pourtant de repartir des définitions des grammairiens traditionnels. Leur éclectisme est à tout prendre plus riche de questions que la postulation *a priori* des linguistes. À défaut de fournir le principe structural de la phrase, les grammairiens s'efforcent de la saisir simultanément par ses contours matériels et par sa cohérence sémantique. Ainsi, selon eux[2], une phrase se définit *typographiquement* comme un ensemble de mots compris entre une majuscule et un point. *Intonativement*, c'est une courbe mélodique caractéristique limitée par deux

1. Ainsi peut-on lire dans l'*Introduction à la grammaire générative* de N. Ruwet, Paris, Plon, 1967, p. 366 : «La notion de *phrase* est, en grammaire générative, tenue pour un terme primitif, non défini, de la théorie.» Pratiquement, on se la représente cependant comme «finie en longueur et construite par concaténation [enchaînement] à partir d'un ensemble fini d'éléments» (*ibid.*, p. 46).

2. Je m'inspire librement des «critères traditionnels d'identification de la phrase» répertoriés – et critiqués – par M. Arrivé, F. Cadet et M. Galmiche dans leur *Grammaire d'aujourd'hui*, Paris, Flammarion, 1986, p. 529.

pauses. Et *sémantiquement*, c'est un assemblage de mots « ayant un sens complet ». Chacun de ces critères est fragile (et ensemble peut-être sont-ils contradictoires). Mais aucun n'est absolument dépourvu de pertinence, et leur fragilité même conduit à des questions fondamentales sur la phrase.

Soit le critère typographique. Il est facile de remarquer que la poésie, depuis Mallarmé, et le roman moderne nous ont accoutumés à des phrases dépourvues de majuscule et de point. Et cette suppression a beaucoup moins le sens d'une « attaque » de la phrase que d'une réflexion sur ce qui la constitue, en deçà de toute marque matérielle. Il s'agit de nous faire entendre que la « complétude » de la phrase ne dépend pas au fond d'une structure linguistique aux contours typographiquement marqués, mais plutôt d'une « synthèse » d'ordre essentiellement esthétique, relativement indépendante de la première. C'est le rôle de l'art de nous le rappeler en déplaçant *librement* non seulement les limites de la phrase mais les figurants mêmes de la limite. D'une part, on pourra proposer à l'énoncé d'autres agents de configuration, tels que la séquence syllabique comptée du vers, le paragraphe circonscrit par des blancs, voire la page. D'autre part, on pourra faire jouer la ponctuation comme un marquage non linguistique – qu'elle est en son principe – en la disjoignant des structures syntaxiques auxquelles elle est ordinairement associée. Soient ces deux versets de Claudel[3] :

> Je le suivis comme une armée qui se retire en brûlant tout derrière elle. Toujours
> Plus avant, jusqu'au cœur de la mer luisante !

3. *Cinq Grandes Odes*, I, 13, Paris, Gallimard, « Poésie », p. 32.

Nous y voyons à l'œuvre ce double déplacement. Le blanc typographique boucle la phrase après «Toujours» (rattachant indûment l'adverbe au participe), tandis que le point, au lieu de marquer une fin de phrase syntaxique, joue plutôt comme un suspens de son développement, à la manière d'une limite métrique. Pour le poète, c'est montrer que la ponctuation est l'opératrice d'une configuration non linguistique en son essence. Ainsi, nous comprenons que ce que nous entendions par «phrase», cela a toujours été la coïncidence heureuse d'une structure syntaxique et d'une synthèse esthétique – coïncidence qui cependant n'a rien de nécessaire et que suffit à défaire une forme poétique, en prouvant que la synthèse esthétique est sous-jacente à toute syntaxe, plus générale qu'elle aussi puisqu'elle survit à la destruction des structures linguistiques.

À l'oral, le marquage intonatif de la phrase conduit à des considérations analogues. La psychanalyse nous a enseigné qu'une pause était l'instrument infaillible d'un bouclage du sens même là où une structure syntaxique achevée faisait défaut. En pratiquant cette écoute selon les pauses, elle nous a ramenés à un pressentiment qui hante la grammaire sans qu'elle sache se le formuler : c'est la configuration qui fait la phrase et non l'inverse. Comment comprendre autrement d'ailleurs le «sens complet» que la grammaire invoque finalement comme critère ultime de la phrase ? Il est trop clair que la complétude en question est introuvable. Qui pourrait en effet prétendre à la cerner sémantiquement puisque toute phrase minimale ouvre à un *infini* d'arrière-plans «circonstanciels» qui peuvent la complexifier à l'infini ? Il faut donc admettre que c'est une décision de complétude (appelée «phrase») qui seule donne accès à la possibilité du sens, et non un accomplissement naturel de sa structure. N'est-ce pas d'ailleurs ce que manifestait *sensiblement* la rhétorique ancienne en prescrivant à la phrase la forme de la «période» : l'agencement syntaxique s'y logeait dans un «circuit» purement rythmique. Et ce bouclage de la «période» tout à la fois lui fournissait *a priori* un espace d'apparition et prouvait *a posteriori* la coïncidence de la phrase avec une complétude purement formelle.

La linguistique nous fournit apparemment des critères d'identification plus sûrs que la grammaire. Mais elle n'y parvient qu'au prix d'une abstraction grandissante du donné phénoménologique de la phrase. Et, de fait, elle progresse dans le sens d'une modélisation. À partir de l'analyse d'un corpus de phrases réelles, la structure de la phrase bientôt peut ainsi être inductivement reconstruite comme une «hiérarchie de connexions» (Tesnières). On en donne une saisie instantanée à travers une figuration schématique (les *stemmas* de Tesnières ou les *arbres* de la linguistique structurale). Au-delà même, la grammaire générative s'éloigne encore de toute expérience de la phrase. La procédure d'engendrement qu'elle décrit ne prétend à aucun réalisme, les règles de récriture qu'elle établit n'ont pour statut de vérité que leur pouvoir de prédictibilité des énoncés réels. Dans tous les cas la configurabilité est postulée comme un présupposé du modèle : se donnent ensemble, «syntagmatiquement», tous les symboles engendrés à partir du symbole P («Phrase»). Ainsi, nous connaissons de mieux en mieux la structure de la phrase, mais nous savons de moins en moins comment nous en appréhendons la forme réelle.

Le divorce entre une conception empirique de la phrase – délimitée par des marques sensibles – et une conception théorique – où la phrase est définie par sa cohérence structurelle – nous enseigne ceci : dans la phrase coïncident un espace de configuration défini par ses contours (où virtuellement tout entre en rapport avec tout) et un espace de relations linguistiques (où des rapports privilégiés entre éléments sont définis). Les relations syntaxiques ne constituent finalement qu'un cas particulier dans le champ de relations généralisées ouvert par la phrase. Or, c'est à lui qu'il faudrait remonter pour bien saisir ce qu'est une phrase, ou plutôt à l'interaction de la forme linguistique avec le champ où elle se déploie. Alors seulement nous pourrons saisir la phrase comme la dramaturgie du sens qu'elle est et non comme un simple enchaînement de significations déjà réalisées.

DYNAMIQUE DE LA PHRASE

Or, cela ne sera possible qu'à restituer d'abord à la phrase une dimension qui lui est comme magiquement soustraite par la modélisation linguistique : la dimension du temps. Une phrase nous est donnée dans le temps, c'est-à-dire dans la dynamique d'un inachèvement et d'une clôture virtuelle. Ce n'est pas son rythme qui la fait temporelle, mais le champ de présomptions qu'elle ouvre, et progressivement referme. C'est que, avant d'être une hiérarchie de relations, elle est un système d'anticipations prolongées, suspendues, déçues, comblées. Et il est probable que c'est ce double mouvement de «proposition» et de «restitution» qu'une rhétorique tardive a cherché à cerner à travers les notions de « protase » et d'« apodose » sans pouvoir toujours leur donner un contenu matériel très précis, tant il est vrai qu'« anticipation » et « résolution » ne cessent de s'entrecroiser dans le développement de la phrase et jusqu'au point final. Ainsi, la phrase, moins qu'elle ne lutte avec le temps, en donne la forme sensible (c'est-à-dire tensionnelle). Elle s'élabore *comme* jeu de tensions. Il est certain qu'à cet égard elle jouit d'une liberté quasi infinie, et virtuellement pourrait durer autant que le monde dans lequel elle se déploie.

Envisageons quelques figures d'infinitisation de la phrase. La phrase peut aménager son retard à s'achever par un jeu d'enchâssements internes (incidente et incidente dans l'incidente…) qui dessinent au centre d'elle-même l'infini d'une implosion temporelle – tant il est vrai qu'il n'est pas une seule proposition qui n'ouvre à son commentaire, pas un commentaire qui n'exige sa glose ou sa précision, morcelant par en dedans le temps de son exposé. Elle peut aussi se prolonger par enchaînement de déterminations à leur tour déterminées en de nouvelles propositions, *se poursuivant* ainsi dans un vertige d'explications secondaires où se perd progressivement son thème initial. Elle peut procéder par simple accumulation énumérative en multipliant indéfiniment chacun de ses constituants. Ou encore par relance après coup d'une structure apparemment close (selon une figure parfois appelée « hyperbate »). Toute phrase lutte avec une folie d'ordre temporel. La tension qu'elle ouvre, elle pourrait avoir la tentation de ne jamais la refermer. L'anticipation qu'elle est, elle pourrait avoir l'ambition de s'y tenir. Et parfois, en des œuvres particulières, elle frôle cette démesure[4]. Un style ne fait ainsi que donner sa formule de résolution d'une ouverture temporelle. Et toute une part de la rhétorique s'attache à contenir cette folie en lui prescrivant des limites tantôt physiologiques (pas de phrases plus longues qu'un souffle), tantôt mentales (pas de phrases qui excèdent les dimensions du mémorisable), tantôt esthétiques : la phrase doit se périodiser en «circuit», revenir à elle-même, retomber sur ses pieds rythmiques, trouver son principe de clôture interne. Ainsi, il n'est de phrase que bouclée, mais la phrase n'a d'autre consistance que la résistance à ce bouclage, c'est cela même qui fait sa matière. Toute phrase, comme Schéhérazade, énonce pour ne pas finir; mais c'est une Schéhérazade qui doit finir, puisque c'est seulement à partir de là qu'elle sera représentable comme phrase.

Une phrase est donc tendue vers sa fin, qui est aussi son point de constitution. Sa temporalité vise une conversion en «synthèse» où se résoudront les tensions dans une contemplation instantanée des éléments et des dépendances. Aristote parle ainsi (à propos de la période) d'«une étendue qui se laisse embrasser d'un seul regard» (*eusunopton*)[5]. Or, ce *synopsis* virtuel *fait sortir la phrase du temps* dans le double sens contradictoire de l'expression : l'antici-

4. Songeons à quelques exemples classiques de démesure phrastique : la structure «à parenthèses» enchâssées dans les *Nouvelles Impressions d'Afrique* de R. Roussel; chez Proust, la dérive thématique agencée par la prolifération des circonstancielles et des relatives, dérive rattrapée *in extremis* par un retour à la structure noyau; la tentation d'un infini continu par juxtaposition de groupes participes chez Cl. Simon; etc.

5. *Rhétorique*, III, 1409 b, Paris, Les Belles Lettres, 1973, trad. Dufour et Wartelle. Il est intéressant de remarquer qu'Aristote, dans la *Poétique*, 51 a 3-6, exprime les mêmes exigences à propos de la forme de l'intrigue tragique : elle aussi doit être «aisément embrassée d'un regard» (*eusunopton*), ce qui la rendra, comme la période, «aisément mémorisable» (*eumnèmoneuton*). On en conclura qu'il y a dans l'esprit d'Aristote analogie entre ces deux niveaux de configuration.

pation de la synthèse tout à la fois ouvre une temporalité d'accomplissement et l'annule de son instantanéité. La phrase doit se devancer comme achevée pour commencer. C'est cette anticipation de sa fin, cette abstraction de son temps de constitution qui lui permet d'être, c'est-à-dire de configurer l'ensemble des éléments qui sans cela ne se composeraient pas, n'accéderaient à aucune synthèse. La rhétorique ancienne non seulement n'en ignore rien, je le suggérais plus haut, mais, avec un sens pratique remarquable, elle joue de cette syncope, lui assigne une place dans les techniques de composition de la période. C'est Cicéron qui conseille par exemple, pour commencer la phrase, de viser une clausule rythmique :

> ... C'est vers ce terme que la phrase doit se laisser porter depuis le début et couler tout entière à partir du commencement de façon qu'en arrivant à la fin elle s'arrête d'elle-même. Or pour des personnes entraînées à bonne école, qui auront beaucoup écrit et donné à tout ce qu'elles disaient sans l'avoir écrit l'air d'avoir été écrit, cela ne sera pas très difficile. L'esprit en effet délimite d'abord le contour de la pensée et tout de suite se présentent les mots que le même esprit, rien n'étant plus rapide que lui, répartit sur-le-champ de façon que chacun se range à la place qui lui est assignée[6]...

On ne saurait mieux encourager l'esprit à céder à lui-même, manifester que la composition de la phrase échappe à toute instrumentalisation naïve – et qu'ici la maîtrise rhétorique coïncide avec un abandon de maîtrise. Cicéron pointe une disposition mentale plutôt qu'il ne désigne une technique. Il souligne cette simple évidence que la phrase ne parviendra à sa fin

6. *L'Orateur*, 199, Paris, Les Belles Lettres, 1964, trad. A. Yon.

que si elle se l'est déjà donnée. Elle ne prendra consistance qu'à s'accorder la circonscription de ce qu'elle n'est pas encore. L'esprit (*mens*), plus rapide que tout, puisqu'il est même instantané, sera l'ordonnateur du jeu des mots, dans une temporalité continûment dérobée. Instantané où tout se com-pose, se syn-thétise, se con-figure, à la seule condition d'une ponctuation finale (que la clausule rythmique ne fait que surexposer, car cette ponctuation est toujours *impliquée* par la phrase). Ainsi, la phrase qui nous apparaissait plus haut menacée par l'infini de sa propre ouverture conjure nécessairement ce danger puisqu'elle procède d'une clôture présupposée.

Il y a de l'irréconciliable dans ces deux saisies de la phrase. Qu'une temporalité de l'inachèvement s'abrite et comme s'enclose dans une immédiateté synthétique, cela semble un paradoxe insoluble. Reconnaissons-y la « distension » entre présent de l'attente et présent de la mémoire que la méditation de saint Augustin commentée par P. Ricœur nous a appris à reconnaître comme fondement de l'expérience du temps[7]. Une même énigme marque ainsi également tous les vécus et toutes les formes soumis au temps. Le discours en offre le témoignage le plus clair, dès qu'on le considère dans sa réception (et non plus dans sa structure abstraite). Car on vient toujours trop tôt ou trop tard pour la constitution du sens, sans jamais pouvoir être son contemporain. Le sens d'une phrase ne peut être appréhendé que par défaut (encore inaccompli, il n'est qu'un horizon à remplir) ou par excès (achevé, il excède notre prévision, en richesse de relations *déjà* opérantes).

7. Cf. *Temps et Récit*, Paris, Ed. du Seuil, 1983, t. I, particulièrement « Les apories de l'expérience du temps », p. 19-53.

Cependant, cette distension temporelle dans laquelle se produit la phrase a pour particularité de coïncider strictement avec une ouverture interlocutoire. C'est le souci d'un autre qui entame mon silence et disloque le temps. Ce souci a toujours déjà commencé. Même lorsque nous sommes réunis, muets et sans conteste, notre silence est comme précédé d'un appel. Entrant dans la parole, simultanément je réponds à cet appel et je le renvoie à un autre. Ma parole alors compose entre le retard dans lequel j'entretiens cet autre et l'avance représentative dont je me prévaux par rapport à lui. Cependant, je n'appartiens moi-même à aucune de ces deux temporalités. Sans doute ai-je vis-à-vis de mon interlocuteur l'avantage de l'initiative, mais moi-même je demeure en deçà de ce que ma parole vise – en sorte que je ne saurais que m'*identifier* imaginairement à ces positions irréconciliables et que ce qui se trouve ainsi en premier lieu divisé par la parole, c'est moi-même. Pour parler, il faut cet intervalle entre moi et moi qui fait que je dois m'adresser à moi-même comme à un autre. C'est dans cet intervalle que la parole trouve à se déployer. Chaque phrase recommence l'ouverture et la réduction de cet écart interlocutoire qui est aussi un écart temporel. Chaque phrase pratique l'adduction progressive et souvent capricieuse ou perverse de la position de l'autre à un lieu commun qu'elle vise à l'avance (il y a donc une érotique de la phrase). Au point final, le temps est réunifié, les bords de l'interlocution se rejoignent, on se retrouve dans une communauté de représentation, mais c'est aussi un silence. Et la parole, si elle veut poursuivre, n'a que le recours de fracturer à nouveau le temps, de disjoindre une nouvelle fois les pôles de l'interlocution. Une phrase – son style, sa chorégraphie si l'on peut dire –, c'est donc la variation continue d'une distance imaginaire à l'autre, la modulation indéfiniment recommencée d'un divorce interlocutoire (d'où seul peut émerger du représentable) et d'une réconciliation ponctuelle.

Mais une phrase est aussi une dramaturgie du sens, et ce de plusieurs points de vue. La phrase n'est pas un «contenant» de représentations qui serait donné d'emblée. Son déploiement dans l'espace-temps *fait la scène* du sens : entendons qu'à la fois la phrase y ouvre à mesure de son développement le lieu représentatif qui lui est nécessaire et qu'elle joue dans ce lieu d'une dynamique spatio-temporelle des représentations. La *disposition* des constituants de la phrase n'est pas seulement lisible selon les relations d'ordre prescrites par la hiérarchie linguistique.

De fait, cette disposition rencontre un espace-temps mondain (c'est bien aussi de cette façon qu'il faut comprendre que dans une phrase la langue, selon l'expression de Saussure, «se réalise» en parole) et par là trouve une force *mimétique*. Parce qu'une phrase s'accomplit comme quelque chose de réel, elle a aussi le pouvoir de tourner déictiquement vers le réel les représentations qu'elle rassemble. Elle les engage dans les rapports réels d'espace et de temps. Elle traite les mots non seulement comme les signes de certains contenus représentatifs, mais comme les choses qu'ils sont aussi. S'il y a lutte, «drame», c'est entre deux statuts des unités représentatives, l'un théorique et linguistiquement défini, l'autre perceptif et pratiquement réalisé. C'est par là que le sens d'une phrase peut apparaître comme le produit d'un débat, s'arrachant toujours «réellement» aux données de la langue dont il procède – s'imposant par la torsion même que son événement inflige aux contenus prédéfinis de cette langue.

UNE PHRASE-ÉVÉNEMENT

Impossible ici de se passer d'*une* phrase, des preuves qu'apporte son travail de mise en œuvre de la langue. Soit, donc, une phrase, parmi l'infinité de celles qui se disent et s'écrivent, choisie pour son exemplarité, celle qui ouvre un court texte d'Henri Michaux, « Bras cassé », dans le recueil *Face à ce qui se dérobe* :

> Soudain pivotent, dirait-on, enlacés ensemble, se détachent et de moi se libèrent mes deux pieds (je venais de glisser), cependant que mon corps, basculant de dessus la terre et soustrait à son emprise, s'engage en l'air, en arrière, quand plus soudain encore, dans mon dos, un brusque brutal se plaque contre moi, le sol, le sol évidemment, ce ne peut être que lui, le sol revenu, sur quoi je gis maintenant, inerte, un sol dur, un sol comme un père punisseur et intransigeant qui m'eût guetté au retour de l'école buissonnière, une sorte de père quasi instantanément revenu, cassant, borné, buté comme personne et totalement incompréhensif[8].

La phrase ici dit l'événement d'une *glissade*, la glissade que constitue sans doute tout événement : perte merveilleuse des repères, envol, et retour instantané de l'« ancien » ordre des choses à partir de quoi peut être reconnu qu'il y a eu « syncope », en une temporalité irréductible à quelque chronologie que ce soit. Si la phrase pourtant peut décrire quelque chose de cette temporalité paradoxale de l'événement, c'est qu'elle en participe. Elle-même a dû se projeter

8. Paris, Gallimard, 1975, p. 11.

comme une pure ouverture, ignorante de sa fin, avant de découvrir cette fin qu'elle présupposait depuis le début. Ainsi le retour au sol peut-il se lire « en allégorie », comme « chute » de la phrase – cette « chute » depuis laquelle, nous le savons, un sens se constitue, une nouveauté peut être pensée.

Mais, avant toute réflexivité, cette phrase donne forme au temps de l'événement, en configurant des saisies de la temporalité irréductibles l'une à l'autre. Que le « soudain » contienne et implique le « maintenant », cela constitue une énigme non pas chronologique, mais énonciative. Comment en effet saurait-on le dire d'un seul mouvement, depuis quel site subjectif? « Soudain » ne désigne pas un moment du temps, c'est-à-dire une relation du présent de la parole, mais un mode d'irruption absolu, référant à l'événement pris en lui-même. Marque plus aspectuelle que temporelle, « soudain » installe une événementialité du « il y a », qui évince toute sympathie subjective. Or, qu'une telle événementialité abrite et comme enclose une temporalité du « maintenant », centrée sur un sujet pensant-parlant, et qui s'ouvre théoriquement à partir de lui, cela implique qu'une rupture ait eu lieu en cours d'énoncé, que le point d'énonciation ait bougé dans le mouvement même de la phrase, qu'il y soit découvert à mesure même de sa profération. Là où le sujet n'était pas, il survient – pourrait-on dire, pour parodier Freud. « Soudain maintenant », la langue n'admet guère une telle collision événementielle, mais la parole ici emporte la langue et la force. Non sans ébranlement grammatical. L'adverbe « soudain » ne se contente pas de propager dans tout le début de la phrase un renversement d'ordre des mots (comme si y passait précisément le vent de la soudaineté). Se redoublant, se majorant d'un « plus soudain encore », il déploie l'immédiateté, l'ouvre à une multiplicité d'éclosions.

Parce que le « soudain » est hors temps, il est aussi ouvert à une intensification infinie. Mais comme si la répétition l'écartait de lui-même, sa valeur grammaticale s'infléchit. On y réentend l'adjectif qui fonde l'emploi adverbial. L'usage ici réveille une mémoire oubliée de la langue : il rappelle et comme ranime derrière l'anonyme immédiateté de l'événement une instance ancienne et toujours active malgré son refoulement étymologique. Derrière le « il y a », « quelqu'un ». Derrière la chute, le sol ; derrière le sol, un père punisseur ; et, derrière ce père, tout ce qui fait retour. Sans doute peut-on voir là une vision du monde persécutrice plus particulière à Michaux. Mais ce qui se figure à travers elle, c'est la façon dont nous entrons en rapport avec un événement : c'est en tant qu'il peut nous apparaître sous la forme d'une intention (c'est-à-dire d'un destin) que nous nous éveillons dans son présent, sommés nous-mêmes d'y prendre part subjectivement. Cet éveil au présent de l'événement, qui est proprement impensable parce qu'il figure le mouvement d'une chute dans le temps, une phrase peut le figurer dans l'unité de sa visée pour autant qu'elle ajointe elle-même des positions subjectives incompatibles (linguistiquement parlant), qu'elle tienne ensemble des visées aspectuelles qui se repoussent.

Une phrase, en tant qu'unité de configuration, n'a d'autre loi que celle d'un enchaînement libre de représentations, dans les limites d'une acceptabilité grammaticale, et en tension avec elle. Et il faut entendre « enchaînement » au double sens d'une liaison synthétique et d'une successivité temporelle. C'est cette temporalisation ambiguë (puisque en un sens niée par un geste d'embrassement) qui lui confère sa qualité tensionnelle. La phrase de Michaux ici en aggrave le paradoxe en ajointant une suite de temporalités discontinues et d'attitudes subjectives hétérogènes dans un unique ensemble énonciatif : narration de l'envol extatique au présent de « reviviscence », rationalisation *a posteriori* visant le destinataire (« je venais de glisser », mention de paroles mentalement prononcées dans le présent du retour à soi (« ce ne peut être que lui »), rumination mimant le retour à une durée rouverte par le « maintenant ». La phrase ne cesse de faire varier la proximité à soi de l'énonciation et son souci du destinataire. Commencée en narration, elle finit en soliloque. Dramatisant les attentes au début par une multiplication d'incidentes et d'inversions, elle pose d'abord la maîtrise de l'énonciateur sur la réalité complexe qu'il déploie, son surplomb de la situation et de l'énoncé lui-même. Mais c'est pour procéder ensuite beaucoup moins sûrement par reprises, corrections progressives, sans plus d'avance sur le destinataire, dans une contemporanéité asymptotique avec lui, à mesure que l'énonciateur se figure immergé lui-même dans son présent et procède à un creusement subjectif de son propre énoncé. Ainsi, la phrase est une variation continue de la position du moi, de la visée de l'autre, qui joue discursivement de leur éloignement et de leur rapprochement. Elle est la chorégraphie incessamment renouvelée de cet ajustement.

Quant à la dimension mimétique de la phrase, elle apparaît ici clairement. Sans doute peut-on dire la phrase mimétique, au plus simple, en ce qu'elle a le pouvoir, pour figurer un bouleversement physique, de *renverser* l'ordre de ses constituants. Et de même peut-elle fragmenter et disjoindre ses ensembles syntaxiques pour rendre compte d'une dislocation corporelle (la phrase elle-même n'a-t-elle pas été depuis toujours pensée *comme un corps pourvu de membres* par la tradition rhétorique ?). Mais ce mimétisme-là ne repose que sur une analogie entre des dispositions inertes d'objets ou de signes. Or, la phrase nous enseigne autre chose. Elle est, nous l'avons vu, le lieu d'un débat entre le donné (ou reçu) linguistique et sa réalisation. Et c'est ainsi comme puissance de *métamorphose linguistique* que la phrase peut « mimer » des événements et des changements d'état. Soit, dans la phrase de Michaux, l'irruption d'une persécution paternelle au cœur du malheur objectif de la chute sur le sol : elle est tout entière figurée par la réapparition du « soudain » s'arrachant à l'impersonnalité adverbiale pour passer dans la forme individualisée de l'adjectif épithète. Donnant forme au double fond de la situation, il y a la stratification oubliée des sens et des catégories grammaticales dont a émergé le « soudain », stratification que la phrase ranime en la déployant, reparcourt à rebours, comme dans un mouvement d'anamnèse. Ainsi la parole peut-elle dès lors jouer verbalement le retour de l'« ancien », en faisant transparaître un sens sous un autre. C'est le jeu de l'« antanaclase » qui déplace en répétant, décline au fil du discours les valeurs du « soudain ». Et c'est le même type de dynamisation qu'opère la substantivation de l'adjectif (« un brusque brutal ») en présentant la substance même du sol comme une concrétion d'intentions mauvaises. Ou la comparaison qui le redécrit explicitement sous des traits personnels

(« comme un père punisseur »). La comparaison est ici portée par tout un ébranlement syntaxique qui annonce l'animation progressive de l'inanimé et se réalise pleinement en elle. Elle n'est que le plus explicite des processus de figuration qui marquent la réalisation de la phrase.

Nous voici donc pour finir confrontés à une dimension temporelle de la phrase tout à fait inattendue : non plus le temps propre de son développement discursif, mais *le temps de la langue* qui en elle se manifeste. Car une langue est dans le temps : elle n'est même qu'une forme de stratification des usages, et seule la magie de l'objectivation scientifique peut la réduire à une pure forme synchronique. Dire qu'une langue est dans le temps, c'est dire aussi qu'elle est dans l'oubli, que toute une part d'elle-même tombe sans cesse dans une latence d'où seule la force de la parole saura la dégager. De la phrase à la langue s'exerce ainsi une réciprocité de réalisations : en « réalisant la langue », la parole y puise elle-même un « devenir réel ». Trouvant une actualité dans la singularité d'une performance, la langue confère à la phrase cette profondeur temporelle qui excède la circonstance immédiate ; ses mots charrient tout un passé de représentations, dont une phrase peut parfois nous figurer l'émergence, comme si l'historicité même de la langue venait se produire dans le déploiement instantané de la parole, en l'éclair d'un unique événement[9].

---

9. Cette étude a d'abord été publiée dans *Poétique* n° 79, Paris, Seuil, septembre 1989.

TABLE DES MATIÈRES